日本の政治課題

2000-2010

藤本一美 ［編］

専修大学出版局

序文—"政権交代"

　2009年の日本政治は，衆議院の解散・総選挙をめぐって展開しました。2005年8月8日の「郵政解散」から3年以上経過，この間首相は三人も入れ替わり，与野党を問わず国民の信を問う解散・総選挙を求める声が高まっていたのです。だが，麻生太郎首相は，経済の立て直し―景気対策を最優先し，解散時期を明言せず，決定を先延ばしにしてきました。しかし，麻生首相は，7月21日，「任期満了」解散に追い込まれ，総選挙が8月30日に実施されました。その結果は，事前の予想通り，自民党は解散前の300から119へと議席を激減させて惨敗を喫しました。一方，民主党は115から308へと議席を著しく増大させて，第一党に躍り出ました。この結果，9月16日，民主党の鳩山由紀夫代表は特別国会の首班指名選挙で新しい首相に選出され，同日，民主党，社民党および国民新党の三党による鳩山連立政権が発足しました。総選挙で野党が単独過半数を得て，政権交代が実現したのは戦後では初めてのことです。

　我が国において，衆議院選挙の結果によって政権交代が実現した事例は，戦前が1回(1924年)，戦後が2回(1947年，1993年)あります。戦前の場合は，24年に憲政会，政友会および革新倶楽部の野党三党が「護憲三派」を結成，総選挙で284議席を獲得し，与党・政友会を圧倒しました。第一党となった憲政会の加藤高明総裁が元老の推薦で首相に任命されました。戦後では，47年の総選挙で野党の社会党が第一党となり，民主党および国民協同党と保革連立政権を発足させ，社会党の片山哲委員長が首相に就きました。次に93年の総選挙では，与党・自民党の議席は過半数に達せず下野し，これに代わり野党八派・会派が連立政権を発足させ，首相に日本新党の細川護熙を選出しました。戦後の場合，政権交代は実現したものの，いずれも1年足らずの短命政権に終わっています。

　民主党は1996年の結党から13年目，五度の衆院選挑戦で初めて政権の座を射止めました。長年与党であった自民党が敗退した最大の理由は，時代と環境変

化に対応できず，自己変革が不在のまま現状維持に終始したことです。つまり，自民党は，米ソ冷戦終結後の国家目標を定められず，保守政党としての新たな政治理念や使命感を示せなかったのです。そこで，有権者の自民党に対する不信感の受け皿になったのが民主党に他なりません。民主党は政策の手順や予算を「マニフェスト（政権公約）」に盛り込み，政権担当能力の不安払拭に努めました。また，世代交代を意識し，若い候補者を重視する選挙戦術も奏功しました。与党大物議員の対抗馬に女性候補を擁立して話題をさらい，「反与党票」を吸収したのです。

　鳩山内閣発足直後の世論調査では，内閣支持率が77％に上り，発足直後の調査としては，小泉内閣の85％に次ぐ歴代第二位でした（『毎日新聞』09年9月18日）。支持する理由として，「政治のあり方が変わりそうだから」が最も多く，変革を求める有権者の声が総選挙で民主党に戦後最大の議席を与え，その期待感が高い支持率に現れたといえるでしょう。鳩山内閣は，その誕生から，日本の政治を変革し，新しい歴史をつくる使命を担った政権であるといえます。

　今後，鳩山内閣は，経済的不況からの脱出，社会保障制度の将来設計および新たな戦略的外交などの政策課題に取り組み，具体的な成果を上げなければなりません。今回の総選挙では，自民党政治への不満と，民主党政権への「変化」への期待が歴史的な政権交代をもたらしました。だが，我が国においてマニフェストを提示して政権交代の可能性が常に開かれた「2009年体制」への第一歩にできるか否かは，民主党および自民党を中心とする新たな二大政党の行動にかかっているといわねばなりません。

　本書は，2000年代に入ってからの自民党政権の政策課題を踏まえて，より具体的には小泉内閣以降の歴代内閣の政治動向，とくに麻生内閣から鳩山内閣への政権交代を視野に入れつつ，現代の日本政治の課題を分析・展望しております。日本政治の現状に関心を持っている読者に対して，多くの示唆を与える内容となっていると自負しています。本書の内容について，多くの読者の御批判と叱声を仰ぎたいと思います。

藤本一美

目　次

序文―"政権交代" ―――――――――――――――――― i

《第Ⅰ部　現代政治の「光」と「影」》

第1章　麻生内閣と解散・総選挙　　3

1．はじめに：問題の所在 ………………………………………… 3
2．自民党短期政権と麻生内閣の成立 …………………………… 5
　⑴　安倍内閣の発足と退陣 …………………………………… 5
　⑵　福田内閣の発足と退陣 …………………………………… 7
　⑶　麻生内閣の発足と政治課題 ……………………………… 8
3．衆議院の解散・総選挙 ………………………………………… 10
　⑴　衆議院解散の意義と条件 ………………………………… 10
　⑵　衆議院解散の経緯 ………………………………………… 11
　⑶　第45回総選挙の結果と分析 ……………………………… 13
4．結び：「政権交代」の意味 …………………………………… 16
〈質疑・応答〉 ……………………………………………………… 17

第2章　戦後民主主義の光と影　　23

はじめに ……………………………………………………………… 23
1．「戦後」の意味 ………………………………………………… 23
2．民主主義＝デモクラシー？ …………………………………… 24

3．デモクラシーの簡潔な定義 ･････････････････････････････ 25
　4．戦後民主主義とは左翼のことである ･････････････････････ 27
　5．戦後民主主義は軟弱かつ退廃的で反愛国的だ ･････････････ 28
　6．自虐としての戦後民主主義 ･････････････････････････････ 29
　7．あの戦争の意味を考える契機としての日の丸 ･････････････ 31
　8．戦後民主主義的な「あいつ」が嫌い ･････････････････････ 32
　9．君主制復活論者 ･･･････････････････････････････････････ 34
　10．反米憲法改正論者 ･････････････････････････････････････ 34
　11．東大・岩波・朝日の連合としての戦後民主主義？ ･････････ 35
　12．衆愚としての戦後民主主義 ･････････････････････････････ 37
　13．丁寧な言葉の紡ぎの必要性 ･････････････････････････････ 38
　14．鳩山民主党政権は戦後民主主義的なのか？ ･･･････････････ 39
　15．官僚支配＝政治家の劣化 ･･･････････････････････････････ 42
　おわりに：「光」としての戦後民主主義 ･･････････････････････ 44
　〈質疑・応答〉 ･･･ 45

第3章　日米関係の新展開――日米首脳会談を手がかりに　49

　1．はじめに ･･･ 49
　2．戦後日米関係の展開 ･･･････････････････････････････････ 50
　3．日米首脳会談の変容 ･･･････････････････････････････････ 54
　　(1)　はじめての日米首脳会談 ･････････････････････････････ 57
　　(2)　日米首脳会談の変容 ･････････････････････････････････ 59
　　(3)　日米首脳会談の特質 ･････････････････････････････････ 62
　4．結び ･･･ 66
　〈質疑・応答〉 ･･･ 68

第4章　女性の政治参加の課題　　73

1．はじめに―2005年，2009年の衆院選を振り返って …………… 73
2．国際的潮流と日本政府の取り組み ……………………………… 74
　(1)　女性議員が増える意義 ……………………………………… 74
　(2)　諸外国の事例 ………………………………………………… 75
　(3)　国際的潮流と日本政府の取り組み ………………………… 77
3．女性議員と立法事例 ……………………………………………… 80
　(1)　雇用機会均等法の改正 ……………………………………… 80
　(2)　男女共同参画社会基本法 …………………………………… 81
　(3)　DV（ドメスティック・バイオレンス）防止法 …………… 83
4．指導的地位に女性を増やすには ………………………………… 85
　(1)　「ジェンダー」たたきと国連の勧告 ………………………… 85
　(2)　女性の参画状況 ……………………………………………… 87
　(3)　選挙制度と女性議員 ………………………………………… 89
5．おわりに …………………………………………………………… 90
〈質疑・応答〉 ………………………………………………………… 91

《第Ⅱ部　現代日本の政治課題》

第1章　政権交代実現，麻生首相の功罪　　97

1．はじめに：問題の所在 …………………………………………… 97
2．「オールド・ケインジアン」の財政出動論者 ………………… 99
3．逃げ腰の行政改革，「小泉が革新なら麻生は保守」 ………… 101
4．「自民党派閥」の最後の人 ……………………………………… 104
5．若者人気の内実 …………………………………………………… 107
6．結び：自民党をブッ壊した ……………………………………… 110
〈質疑・応答〉 ………………………………………………………… 113

第2章　変わる日本：課題としての地方分権　　117

1．今なぜ地方分権か ………………………………………… 117
2．機関委任事務の廃止—分権改革の出発点— ………… 119
3．住民意思の尊重—議会改革に向けて— ……………… 121
4．進む三位一体の改革 …………………………………… 123
5．税源移譲の評価 ………………………………………… 124
6．諮問機関の答申—議会権限の拡大— ………………… 125
7．決断！　道路特定財源の一般化 ……………………… 127
8．迷走する定額給付金—自治事務？　それとも法定受託事務？— … 129
9．国直轄事業負担金への異議申し立て ………………… 131
10．「子ども手当」—マニフェストと現実の狭間— …… 134
11．「コンクリートから人へ」の政策転換 ……………… 136
12．分権と自治の調和—集権と分権，集中と分散— …… 138
13．あらためて「地方分権」を理解する ………………… 139
〈質疑・応答〉 ……………………………………………… 141

第3章　自民党の環境政策—漂着ごみ対策を事例として　　143

1．はじめに ………………………………………………… 143
2．漂着ごみの現状と影響 ………………………………… 145
　(1)　漂着ごみの現状 …………………………………… 145
　(2)　漂着ごみによる影響 ……………………………… 148
3．漂着ごみ対策 …………………………………………… 149
　(1)　漂着ごみ処理の状況 ……………………………… 149
　(2)　地方自治体の対応 ………………………………… 152
　(3)　国レベルでの対策 ………………………………… 153
　(4)　海岸漂着物処理推進法の施行 …………………… 156
4．おわりに ………………………………………………… 159
〈質疑・応答〉 ……………………………………………… 161

第4章　麻生太郎のアジア外交政策の研究　　165

はじめに …………………………………………………… 165
1．麻生太郎の政治思想の形成 …………………………… 166
2．麻生太郎の外交方針 …………………………………… 167
3．麻生太郎のアジア外交 ………………………………… 170
　(1)　小泉・安倍両政権時代の外務大臣としてのアジア外交 ……… 170
　(2)　麻生政権時代のアジア外交 ………………………… 173
4．麻生内閣の内政と外交の評価 ………………………… 176
おわりに …………………………………………………… 177
〈質疑・応答〉 ……………………………………………… 178

第5章　鳩山内閣の成立と展開　　181

はじめに …………………………………………………… 181
1．衆院選の総括 …………………………………………… 182
　(1)　二大政党時代の幕開け ……………………………… 182
　(2)　民主党大勝の功労者 ………………………………… 183
　(3)　自民党の瓦解 ………………………………………… 185
2．鳩山内閣の人事 ………………………………………… 187
　(1)　「派閥均衡型」と「当選回数至上主義」………………… 187
　(2)　参院選を見据えた人事 ……………………………… 190
3．内外の課題 ……………………………………………… 191
　(1)　「脱官僚」の陥穽 ……………………………………… 191
　(2)　日米関係の行方 ……………………………………… 192
おわりに …………………………………………………… 194
〈質疑・応答〉 ……………………………………………… 194

結語 ──────────────────────── 201

《執筆者紹介》

第Ⅰ部第1章　藤本一美（専修大学法学部教授）
　　　　　　明治大学大学院博士課程修了　政治学修士
　　　　　　主著『現代日本政治論』（専修大学出版局）
　　第2章　岡田憲治（専修大学法学部教授）
　　　　　　早稲田大学大学院博士課程修了　政治学博士
　　　　　　主著『権利としてのデモクラシー』（勁草書房）
　　第3章　浅野一弘（札幌大学法学部教授）
　　　　　　明治大学大学院博士課程修了　政治学修士
　　　　　　主著『日米首脳会議と戦後政治』（同文館）
　　第4章　濱賀祐子（明治学院大学法学部非常勤講師）
　　　　　　明治学院大学大学院博士課程修了　法学修士
　　　　　　主著『米国の大統領と国政選挙』（専修大学出版局）

第Ⅱ部第1章　野口博之（日本臨床政治研究所主任研究員）
　　　　　　ロンドン大学LSE大学院公共政策修士課程修了　公共政策修士
　　　　　　主著『占領と戦後政治』（つなん出版）
　　第2章　根本俊雄（専修大学法学部非常勤講師）
　　　　　　明治大学大学院博士課程修了　政治学修士
　　　　　　主著『都市行政と市民自治』（敬文堂）
　　第3章　宗像優（九州産業大学経済学部准教授）
　　　　　　専修大学大学院博士課程修了　法学博士
　　　　　　主著『高度成長の政治』（つなん出版）
　　第4章　伊藤重行（九州産業大学経営学部教授）
　　　　　　明治大学大学院博士課程修了　経済学博士
　　　　　　主著『ホワイトヘッドの政治理論』（学文社）
　　第5章　丹羽文生（拓殖大学海外事情研究所助教）
　　　　　　東海大学大学院博士課程修了　政治学修士
　　　　　　主著『日本の連立政権』（振学出版）

第Ⅰ部

現代政治の「光」と「影」

第1章
麻生内閣と解散・総選挙

（藤本　一美）

1．はじめに：問題の所在

　2005年8月8日，小泉純一郎首相は「郵政の民営化」をめぐって衆議院を解散し，9月11日の総選挙では大勝利を収めました。それから，3年以上の年月が過ぎました。その間に，小泉首相は政権の座を退き，首相は安倍晋三，福田康夫と続いたものの，安倍および福田両内閣はわずか1年しかもたず，途中で政権を放り出してしまいました。そこで自民党は，2008年9月23日，新たに麻生太郎党幹事長を後継総裁に選出し，24日，麻生内閣を発足させたのです。

　すでに，永田町においては，この年の秋から冬にかけて，衆議院の解散・総選挙が既定の方針となった感があり，そのため与野党は早くから選挙の準備を進めていました。自民党総裁選での勝利を踏まえて，臨時国会を召集して新しく内閣を発足させた麻生首相は，所信表明演説に続く代表質問終了後に，内閣の支持率が高く，しかも自民党への国民の注目が集っている有利な状況の中で解散・総選挙を考え，それを直ちに実行に移そうとしていたのです。しかしながら，米国発の「金融危機」のあおりを受けて，世界各国および日本経済は大不況に陥り，景気の立て直しのために衆議院の解散・総選挙は大きく延長を余儀なくされ，そのため，衆議院議員の任期一杯の翌2009年7月21日に到り，麻生首相はようやく解散を断行し，衆議院の総選挙が8月30日に行われました。

　8月30日の第45回総選挙では，マスコミなどの事前の予想通り，自民党は劇的な大敗を喫し，119の議席獲得（前回は296）と歴史的惨敗に終わり，小泉元

首相の残した"虎の子"を消滅させてしまいました。一方，野党第一党の民主党は308議席（前回115）と大躍進をとげ，衆議院で単独過半数を大幅に上まわりました。民主党は社民党（7議席）と国民新党（3議席）と連立を組み，318議席とし，衆議院において3分の2の議席に迫りました。総選挙の結果を踏まえて，9月16日，新たに鳩山由紀夫を首班とする民主党連立政権が発足し，ここにわが国で初めて総選挙による政権交代が実現したのです。こうして，私たちは，これまでの「1955年体制」に決別し，新たな二大政党制＝「2009年体制」のもとで歩むことになったわけです（「2009年体制」については後述）。

ちなみに，その他の野党の議席を述べておきますと，公明党が21議席，共産党が9議席，みんなの党が5議席，新党日本および大地党が1議席，諸派・無所属が6議席でした。

今日は，麻生首相のもとで，2009年7月21日に断行された，いわゆる「政権交代解散」の経緯と，8月30日に実施された総選挙の結果を報告したいと思います。具体的には，前半で安倍内閣および福田内閣の問題点を検討し，麻生内閣成立に至る経緯を紹介します。それを踏まえて，後半では，衆議院解散の意義とその条件を述べ，次いで，麻生首相の下で衆議院解散に至る政治過程と総選挙の結果を検討し，そして最後に，「政権交代」の意味をさぐることにします。以下では政治過程を縦軸に，そして解散決定を横軸に設定して，分析を進めます（なお，公開講座の案内書では，タイトルが「麻生政権と衆議院の解散・総選挙」となっていました。しかし，配付したレジュメでは「麻生内閣と……」としております。この点について一言述べておきます。一般に，〈政権〉とは政治権力の略で，それは政治権力一般ではなく，"政府権力"という意味です。ただ，構造的に法定化された政府権力や権能ではなく，政治的諸勢力の対抗関係における優越により象徴化され，機構を実質的・象徴的に支配する権力のことです。一方，〈内閣〉とは行政権を執行する合議機関という意味です［阿部・内田・高柳編『現代政治学小辞典』［有斐閣，1999年］，236，337頁］。以下では自民党政権とは記述していますが，小泉内閣を別にすれば，後の歴代内閣は「政権」と呼べる程政府の権力を十分に掌握していなかったと考えられます。そこで，タイトルの一部を変更しました）。

2．自民党短期政権と麻生内閣の成立

(1) 安倍内閣の発足と退陣

　2006年9月20日，戦後では3番目の長期政権（5年5カ月）となった小泉首相の後継者を決める自民党総裁選が行われ，安倍晋三内閣官房長官が国会議員票と党員党友票を合わせ464票獲得して，第21代自民党総裁に選出されました（麻生太郎は136票，谷垣偵一は102票です）。

　その際，安倍官房長官の有力対抗馬として，福田康夫元官房長官の去就が注目されたものの，結局，福田は高齢を理由に不出馬を表明，9月26日，衆議院本会議における首班指名選挙で安倍官房長官が第90代，57人目の首相に選出されました。安倍首相は所信表明演説の中で，経済成長を維持しながら財政再建を実行する決意を表明し，また，集団自衛権の行使について具体的研究を行う考えを示しました。国民から安倍内閣は"タカ派的保守色"の濃い政権と見られました。しかし，政権発足後に『共同通信社』が実施した世論調査では，小泉，細川両内閣に次ぐ3番目の65％という高い支持率を記録しました（『世界年鑑，2007年版』，135頁）。

　安倍晋三首相は1954年9月，東京において元外務大臣で衆議院議員の安倍晋太郎と洋子の次男として生まれ，安倍家は，父方の祖父には衆議院議員の安倍寛，母方の祖父には元首相の岸信介を輩出している"政治家一家"です。晋三は成蹊大学法学部卒業後，南カリフォルニア大学に学び，その後神戸製鋼に入社しました。1993年，亡父の地盤を引き継ぎ，第40回総選挙で山口一区から出馬して当選し，父が派閥の会長を務めていた清和会（三塚派，後の森派―町村派）に所属しました。2003年9月，小泉首相によって当選3回ながらも自民党幹事長に抜擢され，また2005年10月，第三次小泉改造内閣では内閣官房長官に就任しました。そして，2006年9月，54歳の若さで首相に就任したのです。

　2006年9月に発足した安倍内閣は，国民から期待の中で迎えられた，といってよいでしょう。当初，安倍首相は，「戦後レジーム（体制）からの脱却」を掲げて，憲法改正手続きを定める国民投票法や教育改革関連三法をはじめ多く

の重要法案を成立させました。だが，その後閣僚の相次ぐ失言，また松岡利勝農水相の自殺に見られる「政治とカネ」，さらに年金記録不備問題などで失点を重ね，波乱の中で第166回通常国会は閉幕したのです。

こうした安倍内閣の行動は，2007年7月29日に行われた第21回参議院選挙の結果にもろに現れました。自民党は改選前の64議席を37議席に激減させ，1989年の36議席に次ぐ歴史的惨敗を喫したのです。一方，民主党は32の改選議席を過去最高の60議席と大幅に伸ばし，参議院で第一党となりました。このため，参議院では，自民党と公明党の連立与党は過半数を割り，与野党勢力が逆転することになったのです。

しかしながら，安倍首相は参議院選での敗北の責任をとることもせず，「改革への責任を果たすことが使命である」として続投を宣言し，党役員の入れ替えと内閣の改造で逃げ切ろうとしました。そして，8月27日，新たに安倍改造内閣を発足させたのです。だが，遠藤農水相が1週間で辞任するなど，政権の基盤は大きく揺らぎました。9月10日に召集された臨時国会において，安倍首相は所信表明演説を行い，野党との対話を深める考えを強調しました。しかし，その2日後に，安倍首相は突然辞任を表明したのです。その理由として，「局面の転換」を挙げました。安倍首相は多くの難問を抱えていたにせよ，国会で所信表明演説を行い，しかも野党の代表質問の直前の辞任表明については，無責任であるとの批判が多くの国民から浴びせられました。

安倍内閣の基本的弱点は，総選挙で勝利して手にした政権ではなく，いわば小泉前首相から「移譲された政権」であったことです。そのため，安倍内閣は小泉色を継承する一方，他方では政策面で安倍内閣の独自色を提示することに腐心するという矛盾を抱えていたのです。確かに，安倍首相は「戦後レジームからの脱却」とか「美しい日本の建設」などのキャッチフレーズを据えていたものの，それは小さな政府を目指し，しかも憲法の改正を意図するなど，いわゆる"新保守主義"の側面を色濃く示していた，といってよいでしょう。また，安倍首相の考える新しい日本の国家像にしても一体いかなる国家戦略を基本にして，どのような方向へと進むのか，政権の「政策協議事項（ポリティカル・アジェンダ）」の優先順位が今一つ不鮮明だった，といえます（藤本一美「日本の政治」『現代用語の基礎知識，2007年』〔自由国民社，2007年〕，256

頁)。

(2) 福田内閣の発足と退陣

　安倍首相の突然の退陣表明を受けて，2007年9月23日，自民党は総裁選挙を実施し，その結果，福田康夫元官房長官が330票を獲得して，197票の麻生太郎幹事長を退けて新総裁に選出され，そして26日，第91代内閣総理大臣＝首相に就任しました。康夫の父親の赳夫も首相を務めており，憲政史上初めての親子二代の首相就任となりました。福田首相は記者会見の席で，自ら「背水の陣内閣」と称し，国民の政治不信の解消に取り組む姿勢を強調しました（『世界年鑑，2008年版』，135頁）。

　福田康夫は1936年東京において，大蔵官僚の福田赳夫・三枝の長男として生まれ，早稲田大学政経学部を卒業後，丸善石油（現，コスモ石油）勤務を経て，1990年2月，第39回総選挙で群馬第四区から出馬して当選，以後6回連続当選を果たしております。この間，2000年10月には，第二次森内閣で内閣官房長官に就任し，引き続き小泉内閣でも留任して，巧みな実務能力を発揮しました（官房長官在任は，1289日と歴代一位です）。

　発足した福田内閣の政治課題は，いわゆる「ねじれ国会」という前内閣の負の遺産といかに向き合うかにありました。実際，福田内閣は年金不明問題，イージス艦の漁船衝突，後期高齢者医療制度問題など，多くの難問に直面したのです。こうした中で，福田首相は2007年の10月と11月に，小沢一郎民主党代表と会談し，"大連立工作"に動きました。しかしそれは，民主党内の大反発を受け構想は撤回され白紙に戻りました。また，海上自衛隊によるインド洋での給油活動も11月1日で一時中断を余儀なくされました。

　越えて，翌2008年3月には，日銀総裁・副総裁の国会同意人事をめぐって与野党が対立し，総裁空席という異常事態が発生しました。また，揮発油（ガソリン税）の暫定税率を維持する租税特別措置法案が否決され，暫定税率は4月1日から失効してしまいました。その後，与党は改正案を再可決して何とか復活させたものの，この結果，福田内閣が大きな混乱を印象づけたことは否めません（『毎日新聞』，2008年9月24日）。

　翌2009年，福田首相は第169通常国会を何とか乗り切り，対外的には中国お

よび韓国との間で首脳会談を行い，外交に全力を投入し，また世界の指導者が一堂に会した「洞爺湖サミット（先進国首脳会談）」では議長役を務めてこれを無事にこなし，政権を維持しました。だが，福田首相は明確な政治理念を欠き，しかも政治指導力が弱体なこともあって，福田内閣に対する国民の支持率は一層低下する有様でした。

そこで政権の浮揚を図るために，福田首相は8月1日，内閣改造に踏み切ったのです。新たに，重要閣僚として各派閥の領袖クラスを配置し，また先の総裁戦を争った麻生太郎を党の幹事長に起用するなど，首相自身を支える側に反対勢力を封じ込めました。しかし，内閣改造と党人事を決定する過程で，構想が二転三転するなど，福田首相の派閥依存的体質と指導力のなさをさらけ出してしまいました。

すでに先の衆議院解散・総選挙から3年経過しており，政局は年末にも解散・総選挙が予定されるなど，解散をめぐって連立与党と野党との間で綱引きが続いていました。福田首相としては，目に見える形で内閣の実績を示した上で，効果的なタイミングを狙って解散を断行したいと考えていたのです。しかし実際には，何らめぼしい実績もないままの状態が続きました。しかも構造改革路線を転換して，景気対策の方に軸を置いた経済総合対策では，公明党が求める所得税・住民税の「定額減税（定額給付金）」を飲まされ，また臨時国会の日程まで押し切られたのです。

こうした状況の中で福田首相は，9月1日，臨時国会を前にして突然退陣を表明し，世間をあっと驚かせました。退陣の理由として，福田首相は「新体制のもとで政策の実現」を図ってもらいたいと述べました。今回の退陣表明は，政局の先行き不透明という政治状況の下で，民主党の代表を選ぶ選挙にぶつけたものであり，解散・総選挙を視野に入れた「高度な政治戦略」の面があったことは確かです。だが，それは国民の側からすれば，結局政権の放棄に他ならず，福田首相が新たな政策を提起し，それを実現できないままの退陣については国民から大きな批判を浴びました。

(3) 麻生内閣の発足と政治課題

福田首相の辞任表明を受けて，9月22日，自民党は総裁選挙を実施し，その

結果，麻生太郎がその他の候補者を大きく抑えて総裁に就任しました。そして，24日には新たに麻生内閣が発足しました。第92代内閣総理大臣に就任した麻生首相は記者会見で，「景気への不安，国民の生活への不満，そして政治への不信という危機にあることを厳しく受け止めている。日本を明るく強い国にするのが，私に課された使命だ」と語りました。

麻生首相は，1940年，福岡県飯塚市で麻生太賀吉と和子の長男として生まれ，母方の祖父は吉田茂首相です。学習院大学を卒業後，父の経営する麻生産業に入社し，炭鉱業からセメント業への転換に成功させました。1979年，第35回総選挙で福岡二区から出場して当選し，当選回数は9回を数えます。その間，外務大臣や党幹事長などの要職を歴任し，また過去2回，自民党総裁選に出馬して"名前と顔"を売り，少数派閥ながら念願の総裁の座に就き，第92代の内閣総理大臣に選出されたのです。

自民党総裁選の圧勝を経て船出した新内閣とはいえ，外交および内政で麻生首相が本格的に政権を運営するためには，衆議院の解散・総選挙の洗礼を経なければなりません。総選挙の結果しだいでは，政権を民主党に明け渡す可能性も十分あり，果たして麻生首相は自民党の「救世主」になりえるのか。新たな政治発想と政策転換が求められました。

これまで麻生首相は，独自の政治カラーとキャラクターを発揮して，国民の高い支持（？）を得てきました。マスコミが主導する現代社会の中にあって，国民の高い人気がなければ，何事も上手く運びません。ただ，一国の最高責任者である首相の地位は軽いものではありません。国民の多くは，国家指導者として，日本をいかなる方向にもっていくのか，麻生首相自身の明確な「政策協議事項（ポリティカル・アジェンダ）」の中身を知りたがっていたのです。

その意味で，麻生首相としては，早急に総選挙用の「マニフェスト（政権公約）」を作成し，民主党と政策を競う形で，衆議院の解散・総選挙に臨む必要がありました。そこで，総選挙のあとの「政界再編成」を睨んで，いつ「伝家の宝刀」を抜くのか，それは麻生首相の政治指導者としての判断如何にかかっていました。長期政権を実現して，日本の政治が直面している課題に果敢に取り組み，名宰相といわれた祖父吉田首相の名に恥じない政治を国民は期待したものの，しかし，その結果は，すでに述べたように，国民の期待を大きく裏切

るものであった，といってよいでしょう（藤本一美「麻生新政権の発足と政治課題」『現代用語の基礎知識 2009年』〔自由国民社，2009年〕，86頁）。

3．衆議院の解散・総選挙

(1) 衆議院解散の意義と条件

　今日，議会制民主主義を採用する国々では，米国など一部の国を別にすれば，多くの国では，議会＝国会の解散を認めており，わが国でも，衆議院に限り解散が憲法上認められています。衆議院の解散とは，要するに，任期四年の議員全員を，任期満了以前にその地位を失わせる行為であります。従って，解散とは，別の面からいえば「総選挙」の決定に他ならず，解散権の行使により，与野党の議席，すなわち，政治勢力が大きく変化し，政権交代をもたらす可能性がなしともしません。

　一般に，解散権が果たす機能として，以下の三点が挙げられます。一つは，国家組織相互の紛争解決，二つは，国民投票の代用，そして三つは，政権の安定・強化であります（長谷部恭男「現代議会制における解散権の役割1，2」『国家学会雑誌』第97巻第1・2号，3・4号，参照）。わが国では，権力分立制の立場から，憲法第69条でいう，衆議院の内閣不信任決議権に対応するものとして，内閣による衆議院の解散権が設けられています。ただ，憲法解釈の通説によれば，憲法第69条以外にも，憲法第7条3項を根拠として，政府が主導権を握る形で，政権の安定や強化のため解散権を行使する場合が多く，実際，戦後の解散の大部分は憲法第7条によるものです（なお，衆議院の解散をめぐる憲法論争および戦後の解散の経緯については，藤本一美『増補解散の政治学—戦後日本政治史』［第三文明社，2009年］を参照してください）。

　解散権の主体についても，内閣，具体的には首相が決定権を有し首相の専権事項となった観があります。確かに，首相には，衆議院の解散権行使に当たって，多くの制約条件が課されているものの，歴代首相は解散権の行使をちらつかせて与党各派や野党を威嚇・牽制し，自党・自派に有利な政治日程や環境を

定めて解散に踏み切ってきました。

その場合，衆議院解散の"カギ"となるのは，解散の名目，時期，派閥力学，内閣支持率および政局の動向などです。今回，麻生首相が解散権を行使するにあたり，重視したのは，内閣支持率や，自民党内実力者と公明党の意向などであります。また注目されたのは，解散の時期で，これまでは，12月が最も多く（四回），次が6月と10月（三回）です（図表を参照してください）。今回のように，7月の解散は戦後初めてであります。改めていうまでもなく，衆議院の解散は，選挙を通じて有権者の意志を問うものであり，一方，有権者の側からすれば，選挙権の行使により直接政治に参加する契機となる，といえます。ちなみに，選挙結果のデータを見る限り，自民党は，衆院議員の任期が長い程議席を大きく減らし，一方，任期が短い程議席を増やしてきました（なお，衆院議員の任期は正式には4年であるものの，実質的には約3年です）。

(2) 衆議院解散の経緯

麻生内閣は，いわば衆議院の解散・総選挙のために担ぎ出された内閣であった，といってよいでしょう。そのため，麻生首相は，政権を担当すると同時に，解散の時期を慎重に選んできました。しかしながら，米国発の金融危機に端を発する経済不況が日本を直撃し，終始その対応に追われてきました。こうした状況の中で，麻生首相は衆議院の解散・総選挙の日程に関して先送りの形で，結局2008年を越し，そして2009年に入り，内外の政治状況をにらみながら，常に解散・総選挙の時期をうかがっていました。

そしてついに本予算の成立および補正予算の成立を踏まえ，7月12日に，東京都議会選挙で自民党が大敗北した結果を受けて，同月の13日に至り，緊急に招集された政府与党連絡会議の席上において，麻生首相は「21日の週に衆議院を解散したい。投票日は8月30日がベストだと思う」と通告したのです。それは，これまで政策決定の決断が遅い，すぐに態度がぶれると評されてきた麻生首相にとって初めての電撃的な決断であった，といえます。解散・総選挙の日程決定について，麻生首相は，「当初予算，補正予算のほか，多くの重要法案を成立させてもらえた。ここで国民の信を問いたい」と語りました（『毎日新聞』2009年7月14日）。

こうして,「政権交代」か, もしくは「政権維持」を問う衆議院選挙の日程が, 8月18日公示, 同30日投開票とようやく決まったのです。遅きに失したとはいえ, 7月21日に衆議院は解散されたのです。だが, 今回の場合, 麻生首相が国民に信を問うために自ら政治決戦の日程を選択したとは到底いえません。何故なら, その背後には総選挙を先送りしたいという与党側の意向に押し切られたのが実態だったからです。

　当初, 麻生首相としては, 東京都議選直後にも衆議院を解散し, 8月上旬の投票日をねらっていました。それは, 衆議院議員の任期満了が9月10日にせまり, 首相が主導権を握った形で解散する最後の機会だったからです。しかし, 都議選では自民党は惨敗し, 民主党に第一党の地位を奪われてしまいました。そのため, 連立与党の公明党も含めて, 自民党内の各派閥の領袖たちから総選挙先送り論が拡大する中で, 最終的に麻生首相としてもそのような党内外の意向を無視できなかったわけです。

　そこで, 麻生首相は異例といえる「解散予告」を行って, 解散するのは自分であると宣言することにより, 自民党内に強まる"麻生下ろし"の動きを封じる狙いもありました（実は, 祖父の吉田茂首相も, 解散を通告しております。詳細は,『増補「解散」の政治学』第4章を参照されたい)。だが, 自民党役員人事の方は不発に終わり, しかも人事権を行使できなかったのに続き, 解散権も思い通りに断行できなかったことは, 麻生首相の政治的指導力の限界を示したものであったと, いわねばなりません。

　こうした中で, 7月21日, 衆議院はほぼ4年ぶりに解散されたのです。『朝日新聞』はその社説で今回の解散の意義について, 次の様に論じました。

　「政権交代の予兆が強まるなかで, 歴史的な総選挙の号令が鳴った。戦後の日本政治を率いてきた自民党政治になお期待を寄せるのか, それとも民主党に国を託すのか。そして, どんな政権であれ, 失敗があればいつでも取り換え可能な新しい政治の時代を開くのか。有権者が待ちわびた選択の日がやってくる。内も外も大転換期である。危機を乗りこえ, 人々に安心と自信を取り戻すために政府を鍛え直す。その足場づくり, つまりはこの国の統治の立て直しを誰に託すのか。これが焦点だ」と指摘し, その上で,「それにしても, 自民党に対する民意の厳しさは尋常でない。解散までの混迷が映し出したのは, それ

にうろたえるばかりの政権党の姿だった。……民意が今の流れのままなら，政権交代の可能性は高いだろう。確かに，政権を代えて見たいという期待は強い。だが懸念や不安もある。……この選挙で課題がすべて解決するわけがない。だが，まずは民意の力で"よりましな政治"へかじを切る。日本の民主主義の底力を示す好機だ」と述べました（社説「衆院解散，総選挙へ——大転換期を託す政権選択」『朝日新聞』，2009年7月22日）。

　今回の解散は，麻生首相が表面的にはイニシアティブをとった形となったとはいえ，その実態は「任期満了」の解散であった，といってよいでしょう。ところで，麻生首相にとって，これまで解散の機会は二度ほどありました。一回目は，内閣発足後，国民の支持率が高いうちの解散です。実際，マスメディアは，麻生内閣発足直後の08年9月解散・10月総選挙と一斉に報道していたほどです。しかしながら，すでに述べたように，米国発の金融危機が生じ，その対策に追われて解散は先延ばしとなってしまいました（その判断は賢明であったと思いますが？）。二回目は，09年2月，民主党の小沢一郎代表の秘書が西松建設からの違法献金問題で逮捕され，小沢代表が辞任に追い込まれた時期です。だが，麻生首相はこのときも本予算と補正予算をはじめ重要関連法案の成立の方を優先して，解散の機会を逃がしてしまったのです（一説には，解散・総選挙を実施すれば，自民党は大きく敗北し，麻生首相の退陣が明らかだったので，解散を先延ばしにしたという説もあります）。そして，今回の7月，麻生首相にとって，追い込まれての解散劇であります。

　今回の衆議院解散は，現行憲法下では1949年から数えて22回目の解散となります。また解散日から投票日までの期間が40日という具合に長い憲法の規定いっぱいの40日間となるのも戦後でははじめてのことです。さらに7月の解散と8月の選挙もはじめての経験であります（図表を参照してください）。果たして，「40日間」と長期の選挙戦を設定したことが自民党を利することになるのか，注目されました。

(3)　第45回総選挙の結果と分析

　8月30日，第45回総選挙が実施され，その結果は，すでに述べたように，野党の民主党が単独過半数（241議席）を大幅に上回る303議席を獲得して大勝利

を収め，ここに政権交代が実現することになりました。一方，与党の自民党は公示前勢力（296議席）のおよそ三分の一（119議席）に激減する惨敗に終わりました。自民党は1955年の結党以来，初めて第一党の地位を奪われ，細川政権以来15年ぶりに野党に転落したのです。わが国において，政権交代が可能な二大政党制を目指して衆議院に小選挙区比例代表制を導入してからちょうど15年，総選挙で野党が単独で過半数を獲得してようやく政権が交代しました。そして民主党は，1996年の結党から13年目，五度の衆議院選挙を経て政権の座に就いたのです。なお，投票率は69.2％と高く，有権者の関心の高さを示しました。選挙結果の本格的なミクロ・マクロ分析については，今後の課題にしておきます。

　総括的にいえば，民主党勝利の背景として，なんと言っても安倍，福田両首相時代の政権投げ出しや，麻生首相のぶれなどで自公政権への不信感が募り，政権交代が望まれていたことがある，と思います。また，政策の手順や必要な予算を「マニフェスト（政権公約）」に盛り込み，政権担当能力への不安感の払拭に努めたことも効果があったといえます。もちろん，小沢前代表の選挙戦術も奏功しました。実際，候補者として若い候補を重視し，与党大物議員には女性候補を擁立し「反与党票」の呼び込みに大成功したわけです。

　これに対して，長年与党の座に君臨してきた自民党崩壊の背景は，いわば時代と環境の変化に対応できず，しかも自己変革不在のままに現状維持に終始してきたことに尽きます。米ソ冷戦終結後の国家目標をめぐって，保守政党としての新たな政治理念や政策課題を示すことができなかったのです。こうした自民党に対する有権者に不信感の受け皿となったのが民主党に他なりません。

　『読売新聞』は社説＝"変化への期待と重責に応えよ"の中で，次のように今回の総選挙の結果を的確に分析しておりますで，紹介しておきましょう。

　「自民党政治に対する不満と，民主党政権誕生による"変化"への期待が歴史的な政権交代をもたらした。30日投開票の衆院選で民主党が大勝し，自民党は結党以来の惨敗を喫した。野党が衆院選で単独過半数を獲得し，政権交代を果たしたのは戦後初めてのことである。このような民意の大変動の要因は，自民党にある。小泉内閣の市場原理主義的な政策は"格差社会"を助長し，医療・介護現場の荒廃や地方の疲弊を招いた。小泉後継の安倍，福田両首相は相

次いで政権を投げ出した。麻生首相は，小泉路線の修正も中途半端なまま，首相として資質を問われる言動を続けて，失点を重ねた。この間，自民党は，参院第一党の座を失い，従来の支持・業界団体も自民党離れを加速させた。構造改革路線の行き過ぎ，指導者の責任放棄と力量不足，支持団体の離反，長期政権への失望と飽きが，自民党の歴史的敗北につながったと言えよう」。一方，これに対して「民主党は，こうした自民党の行き詰まりを批判し，子供手当てや高速道路無料化など家計支援策，多様な候補者を立てる選挙戦術が有権者の不満を吸い上げた。小泉政権下の前回衆院選では，"郵政民営化"の刺客騒動で，自民党に強い追い風が吹いた。今回，風向きは一転，"政権交代"を唱えた民主党側に変わり，圧勝への勢いを与えた。この結果，自民党だけでなく，連立与党の公明党も大きな打撃を受けた。民主党政権に"不安"は感じつつも，一度は政権交代を，との有権者の意識が，それほど根強かったと見るべきであろう」と指摘しております（『読売新聞』2009年8月31日）。

越えて，9月16日，召集された特別国会において，鳩山由紀夫民主党代表は93代目の首相に選出され，民主党，社民党および国民新党による連立政権が発足しました。

周知のように，鳩山首相は四代続く政界名門の出であり，曾祖父の和夫は元衆院議長，祖父の一郎は元首相で初代自民党総裁，父の威一郎は元外相，そして弟の邦夫は自民党で元総務相という典型的な"政治家一家"です。鳩山首相は，東大工学部卒の工学博士で，スタンフォード大学留学を経て専修大学助教授を務めた後，1986年の衆院選で自民党から出場して初当選し，当初自民党の田中派に所属しました。その後，自民党を離れて新党さきがけに参画し，細川政権では官房副長官に就任。1998年，新民主党を結成し，99年には党代表に就任しました。その後一時，代表の座を退いたものの，小沢代表が政治資金問題で辞任したあと再び代表に帰り咲きました。鳩山首相は"友愛"が政治信条であり，理想主義的で穏やかな物腰から"優柔不断で頼りない"との不満もあります。また，とっぴな言動などから"宇宙人"との評もあります。その評価の程は，これからしだいに明らかになっていくことでしょう。

いずれにせよ，衆議院選挙で政権交代を実現した民主党を中心とする鳩山政権にとって，子育て支援のための子ども手当の支給，高速道路の無料化など内

政面では，社会保障改革や景気対策に期待する声が高い，といえます。しかし他方で，外交・安全保障の分野では，問題は山積している，といわねばなりません。今後，鳩山首相の政治運営を注目していきたい，と思います（藤本一美「日本政治」『現代用語の基礎知識　2010年』［自由国民社，2010年］，172頁）。

4．結び：「政権交代」の意味

　これまでわが国において，衆議院総選挙の結果により，政権の交代に結びついた事例は過去三回あります。戦前は一回（1924年），戦後は二回（1947年，1993年）です。1924年の総選挙では，憲政会，政友会，革新倶楽部の野党三党が「護憲三派」を結成，（464議席中）284議席を獲得して，与党・政友会本部を圧倒しました。第一党となった憲政会の加藤高明総裁が，元老の推薦で天皇により首相に任命されました。

　戦後の二回の場合，総選挙で第一党が過半数を確保できませんでした。まず，1947年の総選挙では，野党の社会党が第一党の座を確保し，民主党と国民協同党と連立政権を組み，社会党の片山哲委員長が首相の座に就きました。次いで，1993年の総選挙では，与党自民党が過半数に届かず下野し，反自民の八党・会派の連立政権が成立し，日本新党の細川護熙が首相に就任しました。確かに，政権交代は実現したものの，しかし，いずれの政権も一年と持たず短命に終わりました。なお，その背景については，さしあたり，拙著『戦後政治の争点』および『戦後政治の決算』［専修大学出版局，2002年，2003年］を参照して下さい。

　今回のいわゆる「政権交代解散」および総選挙の底流を流れていた"熱いマグマ"は，自民党政治に対する"長年の不満"と民主党政権誕生への"変化へ期待"に他なりません。わが国において，小選挙・比例代表制を導入して初めて選挙による政権交代が実現したのです。その意味で，2009年8月30日の総選挙は，大きな政治的変化を生んだと，後年，歴史年表に太い字で刻まれることであろう，と思います。

　言い換えれば，今回の総選挙はわが国における，いわゆる"民主主義"の前

進が，衝撃的な形で示された，といえるでしょう。民主党は，解散前の議席115議席から実に193議席も増大させて308議席を獲得して第一党となり，政権の座に就いたのです。その意義は，有権者による選挙の結果でもって現職首相を退場させ，しかも永田町の政争など介入させずに，有権者自身の手で政権交代を実現したことです。見事な"政治変動"でした。

　しかし一方で，今回の解散・総選挙の過程で見られた"政治変動"により，政権交代の可能性が常に開かれた「2009年体制（民主対自民両党のマニフェスト＝政権公約を対立軸とする政権交代可能な体制）」の第一歩にできるか否かは，新たな二大政党の政治運営に，とりわけ政権与党となった民主党の実績如何にかかっているといわねばなりません。確かに，今回総選挙で民主党は圧勝したとはいえ，有権者は必ずしも積極的に民主党を，とくに「マニフェスト」の中身に賛成し，これを全面的に評価していたわけではない面もあるからです（『日本経済新聞』2009年8月31日）。「とにかく政権交代の掛け声」で巨大政党に膨れ上がった民主党ですが，今後は，政権与党として内政・外交面の対応とその真価が問われることになるでしょう。その試金石は，早くも来年に予定されている参院選であり，果たして民主党が過半数を維持できるのか，それとも自民党が第一党に帰ることができるのかが焦点で，注目されるところです。

　以上で私の雑駁な報告は終わりにし，質問および応答の中で，問題点をさらに深めたいと思います。どうぞ，よろしくお願いします。

〈質疑・応答〉

〈質　　問〉
　先生は最後に，来るべき参院選の重要性を指摘されました。先日，最高裁が参院の選挙制度見直しに言及しましたが，その点について先生の見解をお聞かせ下さい。また，衆院の選挙制度の問題点も教えてください。

〈回　　答〉
　現行の参院の選挙制度は，選挙区が都道府県単位になっているので，格差が大きく，一票の格差が大きな問題となっております。従来の単位を超えて，ブロック制を導入するなどの検討が必要かと思います。衆院の選挙制度

ですが，小選挙区比例代表並列制は，政権交代を目指して導入されたものです。ただ，死票が大きく，また小選挙区と比例区との重複立候補など問題点が指摘されています。選挙制度はどの制度にも長所と短所があり，難しいのですが，政権交代というメリットを大事にするのが得策でしょう。私は，現在の衆参両院の選挙制度をワンセットにして改革する必要があると考えています。

〈質　　問〉

先の総選挙の結果，鳩山民主党新政権が発足しましたが，鳩山首相の指導力をどのように思われますか。私は世襲政治家として，ややひ弱さを危惧しております。この点いかがでしょうか。

〈回　　答〉

民主党の場合，小沢一郎幹事長の影響力も大きく，党内外で，鳩山首相の政治指導力に疑問を抱く方もおられます。ただ，今回の総選挙では，鳩山さんは党の代表として自ら，「マニフェスト（政権公約）」を掲げて，先頭に立って選挙戦を指揮したわけでして，民主党は自民党から選挙で政権を奪取したという意味で，鳩山さんの政治指導力は顕著で，新政権内でも，鳩山首相は十分指導力を発揮するものと期待しております。

ただ，一国の宰相となった鳩山さんが政治資金（死亡者の寄付金など）の問題で不明瞭な点が見られるのはいただけませんね。

〈質　　問〉

今回の政権交代の結果，民主党政権は，いわゆる「官僚主導」から「政治主導」の政策運営を目指しているわけですが，この点はうまくいくのでしょうか？

〈回　　答〉

近代国家はあまねく「官僚国家」であり，どのような政権が出現しようとも，官僚の力を借りずに政策運営は巧くできません。政治主導というのは，政治家が政治・経済・外交上の基本的指針を示すことであって，政治主導の政策運営を民主党は果たして巧く進めることができるのかと，やや懸念を持

ちます。

〈質　問〉
　民主党政権の出現で，心配されるのは，日米関係を含めた，外交・安全保障政策といわれています。この点について先生のご見解をお聞かせ下さい。
〈回　答〉
　確かに，不安材料がないわけでありません。しかし，野党の時とは違い，政権与党となったら，これまでの外交・安全保障の取り決めと継続性を無視できません。鳩山政権も基本的には，日米関係を基軸とした外交・安全保障政策を進めざるを得ないでしょう。また，自民・民主の両党とも，防衛・安全保障の面ではあまり距離感はなく，外交もその延長線で展開されると思います。

〈質　問〉
　今回の総選挙で，私たちは改めて，小沢一郎氏の政治的力量を認識したと思うのですが，先生は小沢流の政治姿勢というか政治スタンスをどう思われますか。
〈回　答〉
　小沢氏は結果から見れば，従来型の日本政治を大きく変えたという意味で，優れた政治家であると思います。国家指導者として識見を持ち合わせた方です。政治の世界で指導力を発揮するには，当然ことながら，選挙で勝利し，そのため多額の政治資金も必要です。その上で，政治力を行使して，政界再編成を進めなければなりません。私たちは小沢氏の負の面のみを見るのでなく，正の面も十分に評価すべきだと考えます。

〈質　問〉
　今日のお話の中で，先生は「2009年体制」について言及されていましたが，その背景というか意味を教えて下さい。
〈回　答〉
　日本政治は長期間にわたって，米ソ冷戦という現実の中で，自民党対社会

党の対立軸（保守対革新）に基づき展開されてきました。だが，実際には，自民党一党支配体制が継続されてきたわけです。しかし，米ソ冷戦終結以降，保守対革新の対立軸は消滅し，自民党の存在意義自体が問われるようになりました。今回，自民党は下野し，「1955年体制」は名実ともに解体したと思います。今日話をした「2009年体制」とは，世界的政治・経済の環境変化を踏まえて，民主党と自民党のマニフェストを対立基盤とする政権交代が可能な新たな二大政党制のことをさしております。ただ，この体制が定着するには，与党民主党と野党自民党の今後の動向にかかっています。特に，責任与党である民主党の成果と実績が問われています。

〈質　　問〉

　総選挙で自民党は歴史的惨敗を喫しました。果たして，自民党再生の道はあるのでしょうか。

〈回　　答〉

　大変むずかしいと思います。ただ，今回の総選挙では，有権者は，民主党政権にもろ手を挙げて支持したわけでなく，自民党政治のあまりの無策さにあきれて民主党に票を投じたわけで，必ずしも民主党の「マニフェスト」を全面的に承認したとはいえません。その限りでは，自民党が次の総選挙で政権に復帰する可能性がないわけではありません。自民党は，世代交代を図り，新たな政策協議事項を提示し，党の理念を再構築する必要に迫られているといってよいでしょう。

　それでは，時間がきましたので，この辺で終わりにしたいと思います。どうも御清聴ありがとうございました。

※本章は，2009年10月2日（金），『専修大学大学院公開講座』PART 1「日本政治の光と影」の第1回「麻生内閣と解散・総選挙」において報告した内容に修正・加筆したものであります。また，『ポリティーク』No. 11（Nov. 2009年）に掲載された私の論文「政権交代解散」と同一の内容であることを御断りしておきたい。

〈図表1〉帝国憲法下での衆議院の解散・総選挙

議会の回次	内　閣	解　散	総選挙（回次）
帝国議会			1890. 7. 1（1）
2	第1次松方	1891. 12. 25	1892. 2. 15（2）
5	第2次伊藤	1893. 12. 30	1894. 3. 1（3）
6（特別）	第2次伊藤	1894. 6. 2	1894. 9. 1（4）
11	第2次松方	1897. 12. 25	1898. 3. 15（5）
12（特別）	第3次伊藤	1898. 6. 10	1898. 8. 10（6）
	第1次桂	（任期満了）	1902. 8. 10（7）
17	第1次桂	1902. 12. 28	1903. 3. 1（8）
	第1次桂	1903. 12. 11	1904. 3. 1（9）
	第1次西園寺	（任期満了）	1908. 5. 15（10）
	第2次西園寺	（任期満了）	1912. 5. 15（11）
35	第2次大隈	1914. 12. 25	1915. 3. 25（12）
38	寺　内	1917. 1. 25	1917. 4. 20（13）
42	原	1920. 2. 26	1920. 5. 10（14）
48	清　浦	1924. 1. 31	1924. 5. 10（15）
54	田中（義一）	1928. 1. 21	1928. 2. 20（16）
57	浜　口	1930. 1. 21	1930. 2. 20（17）
60	犬　養	1932. 1. 21	1932. 2. 20（18）
68	岡　田	1936. 1. 21	1936. 2. 20（19）
70	林	1937. 3. 31	1937. 4. 30（20）
	東　條	（翼賛選挙）	1942. 4. 30（21）
89（臨時）	幣　原	1945. 12. 18	1946. 4. 10（22）
92	第1次吉田	1947. 3. 31	1947. 4. 25（23）

〈図表2〉新憲法下での解散・総選挙

通　称	解散日	投票日
なれあい解散	1948年12月23日	1949年 1月23日
抜き打ち解散	1952年 8月28日	1952年10月 1日
バカヤロウ解散	1953年 3月14日	1953年 4月19日
天の声解散	1955年 1月24日	1955年 2月27日
話し合い解散	1958年 4月25日	1958年 5月22日
安保解散	1960年10月24日	1960年11月20日
ムード解散	1963年10月23日	1963年11月21日
黒い霧解散	1966年12月27日	1967年 1月29日
沖縄解散	1969年12月 2日	1969年12月27日
日中解散	1972年11月13日	1972年12月10日
ロッキード選挙	任期満了	1976年12月 5日
増税解散	1979年 9月 7日	1979年10月 7日
ハプニング解散	1980年 5月19日	1980年 6月22日
田中判決解散	1983年11月28日	1983年12月18日
定数是正解散	1986年 6月 2日	1986年 7月 6日
消費税解散	1990年 1月24日	1990年 2月18日
政治改革解散	1993年 6月18日	1993年 7月18日
小選挙区解散	1996年 9月27日	1996年10月20日
神の国解散	2000年 6月 2日	2000年 6月25日
マニフェスト解散	2003年10月10日	2003年11月 9日
郵政解散	2005年 8月 8日	2005年 9月11日

〈図表３〉戦後の衆院解散時期の月分布

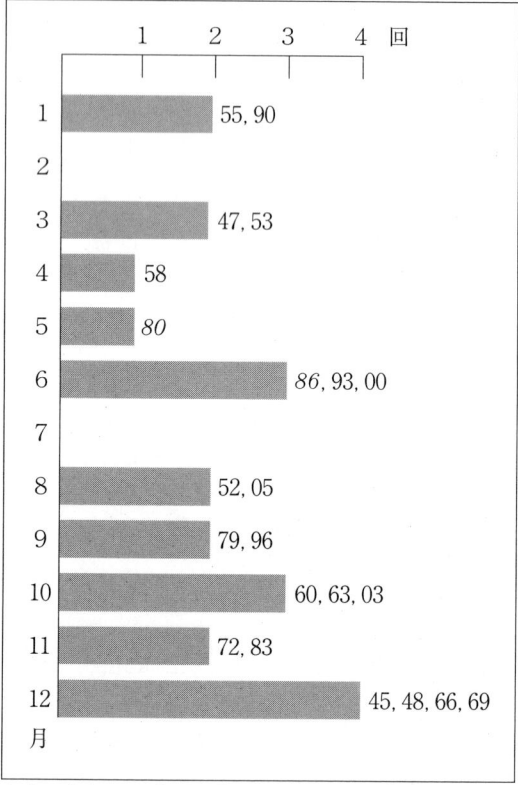

(数字は西暦，イタリック数字は参院との同日選挙，76年12月選挙は任期満了なので除外)

出典：藤本一美『増補「解散」の政治学―戦後日本政治史』〔第三文明社，2009年〕，22頁，23頁。

第2章
戦後民主主義の光と影

（岡田　憲治）

はじめに

　民主主義，とりわけ「戦後」民主主義というこの言葉は，大変気の毒な言葉でして，相当な誤解を受けています。ですから，どうしてこんなに様々な意味がついてしまったのだろうかなどと振り返りつつ，いわば言葉のすくい出しをしてみたいと思います。

　なにしろ「戦後」も「民主主義」も，両方ともビッグ・ワードでして，これらに色々な人が，色々な思いをこめるのは無理もありませんし，そもそも我々にとってビッグ・ワードというものは，そういう運命の下にあります。知らず知らずのうちに付着してしまった意味を一度はがして，「戦後民主主義」を真正面から見ようと思います。別の言い方をしますと，「戦後民主主義」という言葉があまりにも評判悪いので，天邪鬼的に逆に褒めて，もちろん学問ですから大変難しいですが，少しポジティブなイメージも考えてみたいということです。

1．「戦後」の意味

　「戦後」と「民主主義」のうちのまず「戦後」ですが，言うまでもなくこの場合の戦後というのは，色々な立場によって様々な定義がなされますが，通常

は「アジア・太平洋戦争」と言われるあの戦争のことです。ですから、「戦」後という言葉は、「あの」戦争の話であって、これは戦争一般の話ではないわけです。定冠詞がついた、「例の、あの (the)」戦争のことであって、その戦争の後に展開していった民主主義であるという意味です。したがって戦後民主主義という言葉には、普通に理解しますと、2つの含意があるわけです。一つは、あの戦争がもたらしたもの、あるいはあの戦争が契機となって新しく生み出されたものにポイントを置いて見る見方です。もう一つは、民主主義という言葉にどんな意味が込められているかという見方です。ですから、「戦後」といった場合にわれわれは、あの戦争から新しいものが生まれたと考える方向性と、実は非常に逆説的ですが、皮肉なことに、戦後という言葉で実は戦前から継続し、そのまま手付かずになっているというものにも、想像力が働くわけです。それが「戦後＋民主主義」ですね。

2．民主主義＝デモクラシー？

　次に「民主主義」、つまり"democracy"ですけれども、これを見たときにまず気が付くのは、「主義」の部分です。外国語を日本語に翻訳することは、労多くして全然報われないのですけども、この翻訳に関しては、もともと歴史をさかのぼりますと、明治時代のジャーナリスト、福地源一郎という人が、英語の"principle"に「主義」という言葉を当てはめたと言われております。以後、主義という言葉が翻訳語として一般化してきまして、これは便利だといって、その後何とか「イズム」と出てきますと、ほとんどこの「主義」という翻訳語をつければいいだろうとなってしまいます。

　しかし日本語の「主義」と言えば基本的には「理念」なわけです。だからデモクラシーを「民主主義」と訳すということは、デモクラシーとは民主的な「主義」だとすることです。しかし、当然デモクラシーは理念だけではありません。それは同時に実態であり、現実の体制なんです。"democracy"という英語に不定冠詞の"a"をつけますと、"A democracy"で、数えられる名詞"countable noun"ですから、ひとつの、ある民主主義国家という意味ですね。

民主政を採用する国家，そういう統治体があるという「実体」を表すわけです。"democracies" と複数形になった時は，具体的な「民主政諸国」という意味になります。

つまり，"democracy" を「民主主義」としてしまうと，実体を伴わないただの理念，神棚に飾ってあるものになってしまいます。われわれは実際に戦後「民主主義」と呼んだときに，果して理念の部分だけを念頭においているかというと，そうではないでしょう。にもかかわらず，深く考えずに，漠として戦後民主「主義」と使ってしまっている。"democracy" は，もともとあのギリシャ語の，デモスクラティア（demos kratia）であって，デモスはかつて人々の住んでいた番地みたいなものをあらわしていたのです。長い歴史を経て，そこに住む「住民」や「民衆」ぐらいの意味になりました。クラティアというのは，支配という意味です。民衆による支配，デモスクラティア，これが語源であります。実体を伴い，かつそこに理念も含んでいる。だから言葉というのは，一つの意味に限定されず，色々なコンテクストに依存した，いろんな意味を持っています。ですから当然，多様な，色々な意味が込められてしまうというのはしかたがないわけです。

3．デモクラシーの簡潔な定義

そうなると今度は「じゃあデモクラシーとは何か」という一番シンプルな疑問がわいてくるわけですね。簡潔にまとめてみますと，次のようになります。そもそも，我々は自分の生活だとか自分の人生プランなどに直接間接大きな影響を与えるような決定に対して，やはり直接間接何らかの形で自らかかわる権利があるんだという考え方が一番骨太なものとしてあります。「**決めごとに影響を受けるなら一声モノ申す**」ということです。もう一つは，これなかなか難しいのですけど，デモクラシーというのは，社会を構成し維持するために必要な権力を，自由で平等な人間によってなされる「合意」に基づいて作らなければならないという考え方です。これは「**納得しつつ従うことのできる唯一の権力とは，合意で作られねばいけない**」ということです。

例えば，税金は払わなければいけません。コンビニに行っても消費税が付きます。「俺はそんなもん払わない」などというわけにはいきません。税金を払わないと最終的には刑務所に入ることになります。「嫌だ」と言いますと，法を執行するのが担当である「ちょっと体格のいい人たち」がやって来て，両腕を抱えられて刑務所に入ることになります。人が嫌だなと思うことを，それほど全部は納得できないし，完全には賛成できないにもかかわらず，そう思う人たちに言うことをきかせることができる力，それが権力です。本当は言うことを聞きたくないけれど，僕たちは何とか仕方なく納得しているわけです。なぜかといえば，こうこうしなさいという「行為の指定」をする側の人々を，私達が合意に基づいて選んでいるからです。自衛隊と警察官は拳銃を持っています。本来拳銃を持つことは非合法的なのです。だが，彼らだけは，ある場面においては便宜的に非合法的な手段をとっていいというルールになっている。そしてそのルールは，私たちが選んだ議員が国会で作っているルールです。理論的に言うと，こういう風にわれわれは合意して納得しているのです。納得の仕方に関しては，人に脅されてとか，人の知らないところじゃなくて，ちゃんと知らされて，そこで合意をして，この世の中を運営するために強制的な力というのを一定限度で認めようというやり方を取る。平等な参加を通じて，皆で合意を作る。これもデモクラシーの一つの考えかたですね。

　現実には，知らない間に源泉徴収で税金が取られていまして，その使い道についても細かい説明などあまり受けることなく，遠いところで勝手に決定が行われている気がします。自民党の麻生政権の最後に，補正予算約15兆円を組んだというので，一体どんな予算になっているのか，その仕分けみたいなものを少し見てみましたが，実に大盤振る舞いの予算ができていました。でも，理屈としては，そういう政党に有権者が2005年にたくさん投票したのだから，納得したことになっているわけです。

　理念や定義というものは，所詮定義ですから，百点満点のわけはありませんし，役割としては，そこをきっかけに現実をどう考えるかという，目線の入り口みたいに考えればいいのです。したがって，ここで皆さんにご理解いただきたいのは次の一点です。それは，「**戦後民主主義という言葉に関して，少なくともこういうものであってほしいという「理念」のレベルと，目の前にある現**

実として，それがどういうものなのかを明らかにするという「実態」のレベルの話をきちんと分けていただきたいということです。」それを分けないと，戦後民主主義という言葉を使われまして，理念の話なのかそれとも，あの例の実体の話なんですか，どちらの話ですかとなってしまいます。

4．戦後民主主義とは左翼のことである

　まず「戦後民主主義というものは左翼のことである」という，大雑把な言い方がなされることが多いです。最近は左翼という言葉が，カタカナで「サヨク」と書かれるようになりまして，これは作家の島田雅彦さんが使われて以来だと思います。このカタカナになったサヨクという言葉には，おそらくある種の軽蔑的な意味合いが込められています。ネガティブに評価するときにカタカナで「サヨク」と書く。大切なのは説得力ですから，そう言いたい人には，言わせておけばいいのですが，学問の世界にいる人となると話は別です。昨今，わりとよく勉強している学生に限って，「先生の言っていることはサヨク的じゃないですか」と文句をつけてくるのです。心の中では，これまで理不尽なことを言う，硬直化した発想を手放さない左翼系キャンプの方々と，どちらかと言うとよく喧嘩してきたという気持ちがありますから，「サヨクっぽくねぇ？」と言われるのは腹だたしいのです。だから，逆に尋ねるわけですね。「君は左翼ってどういう意味で使ってるの？」，「いや，実はよくわかんないんすけど，日本人のことを悪く言う人っていう意味ですよね？」。

　ただ，人のことはあまり言えません。意味がわからないのに使う言葉は，よくありますから。それでも使ううちにわかってくることもあります。最近学生が使い始めましたね，「財源の裏づけがない」という表現です。「財源」などという言葉は，政権交代がなかったら，一回も使わなかったでしょう。

　左翼というのは，フランス革命の後，国民議会の議場に扇形のように議席が並んでいて，その時，向かって左側のウィング（翼）の方にいる人たちが，フランスを急激に変えてしまおうという，急進派的な考えの人たちで，右側のウィングには，世の中はそんなに簡単に変えることはできないし，先人たちの知

恵というものと相談しながら，少しずつ変えることしかできないという，穏健派，保守派の人たちが座っていたから，左翼，右翼という呼び名に結びついただけの話ですね。

　問題は，「戦後民主主義というのは左翼的だ」という場合，「左翼的だ」という部分で何が言いたいのかがさっぱりわからないことなのです。私はその人たちを政治的，あるいは道徳的に非難しているわけではなく，ただひたすら何を言いたいのかがわからないと言いたいわけです。「左翼」という言葉は，戦前の「アカ」と同じ意味なんでしょうか？「戦後民主主義は，あまりに簡単に世界を変えられるという左翼に顕著な進歩主義である」と言ってくれれば話になるのですが。

5．戦後民主主義は軟弱かつ退廃的で反愛国的だ

　2番目に，「戦後民主主義というものは戦後の軟弱な教育がもたらした堕落した体制なのだ」という風に使われることがあります。「戦後とは，ちんたらとした堕落した若者文化がはびこった時代であって，それに浸った連中には愛国心のかけらもない。一体どこに国を愛するという心があるのか」といったところでしょうか。もうちょっと古い人になりますと，「大体最近の男は男らしさを失った女々しいやつで，日本は道義的に退廃した社会だ」と。ご冗談でしょう？　最近の男性は草食動物と言われてるんですから，基準が違うのです。

　ここでは戦後民主主義などというものは，この退廃した弱い男，あるいはこのふにゃふにゃした戦後の駄目な社会を作った元凶なのだから，これを叩きなおすために愛国心を育めなどという主張になります。教育基本法が安倍内閣によって改正されました。そこでは愛国心を育むような教育をするべきと強調されていまして，この主張に沿った考えの人たちなどは，戦後民主主義という言葉を，そういう否定的な意味で使います。

　ただ愛国心を育めなどと言われましても，小・中学校の指導要領に愛国心を育めという記述があれば愛国心が育つのかというと，どうもそれはよくわからないし，そもそもこの場合の愛国心の「国」が何を指してるのかも明白にはわ

からないのです。なぜならば、「くに」というものは自明なものではないからです。やはり、先ほどと同様に、残る気持ちとしては、「すみません。よくわからないです」ということでしょうか。「くに」は、「国」なのか？「邦」なのか？ それとも「郷」なのでしょうか？

6．自虐としての戦後民主主義

　もうひとつが、「戦後民主主義というものは、近代日本の歴史を貶める自虐史観である」という、この十五年ぐらいよく聞かれる主張です。どうして日本人は日本人としてもっと誇りを持って、自分たちを肯定的に評価できないのか。もっと胸を張れと。つまり、胸を張れなくしている元凶こそ、日教組主導の戦後民主主義の誤った教育なんだというわけです。これも先程の例と関係あります。

　自虐史観の下ではこれまで教科書に載せられなかったけれども、かように立派な日本人がいたんだという本がたくさん出てまして、私はその多くを読んでみたのです。ほんとうに立派な人々がたくさんいました。みなそれぞれにもっともだなと感じたりしました。例えば、ナチスに追われていたユダヤ人を助けるために、ルールを曲げてビザを発行して、彼らを助けた杉原千畝という外交官の話を聞くと、彼はまさに日本のシンドラーで、本当に尊敬せずにはいられないと思います。

　もう少し時代を遡ると、日露戦争のときにポーツマス条約を結んで、ロシア相手に大譲歩をして全権団が帰ってきたら、日比谷で焼き討ち事件が起こりました。民衆は、あんなに大変な犠牲を払ったのに何でこんなひどい条約を結んだのかと激昂するわけです。全権大使の小村寿太郎という人は本当に酷い目にあいました。でも小村寿太郎がどのようにロシアの外交官と交渉に臨んだかは、吉村昭さんの小説『ポーツマスの旗』を読みますとよくわかります。彼が本当に命を懸けて、日本もロシアも両方破綻しないことを見据えて交渉した時のギリギリの努力がよくわかる。小村寿太郎は本当に立派な人だと思います。

　それから、なおも少し遡りますと、私は個人的に、あの「ジョン万次郎」と

いう人をとてつもなく立派な人だと思っているのです。ジョン万次郎と聞くと，船が遭難してしまって，アメリカの船に拾われ，行って帰ってきたという話を思い起こすと思います。実はジョン万次郎は，本当にすごい人なのです。彼はアメリカに行って，アメリカの教育に触れて，キリスト教に触れて，アメリカの社会の中でいろんなもの学んで，それでいてやっぱり，鎖国の国だから戻れば命は危ないけど，もう一回日本に帰ろうと決めて，船に乗せてもらって日本に帰ってくるんですね。そのときに船の上で，さすがアメリカなんです。この中のリーダーを決めようとなる。何か不測の事態が起こったときのために船の上のリーダーを投票で決めようとなって，なんとついこの間まで，ただの日本の漁師だった中浜万次郎さんが，アメリカに行ってアメリカに触れて，帰ってきて，帰りの船の中で，投票の結果リーダーに選ばれてしまうのです。つまり，日本人には日本人にしかわからないことがあり，アメリカ人のセンスなどというものは日本人とは無縁であり，「日本とアメリカはやっぱり違うんだ」という話ではなくて，中浜万次郎さんは，帰りの船ではもうアメリカ人に尊敬と信頼を受けて投票でトップになった。アメリカ人がジョン万次郎をリーダーにしようとなるぐらい，国境をこえて彼は立派な人だったということです。

　そういう人を数え上げたらきりがありません。だから，戦後民主主義は自虐史観に依拠していると主張される方たちが，「尊敬できる日本人をちゃんともっと尊敬すべきだ」と言うことには全く異論がありません。でもそもそも「日本人はみんなどうしようもない民族だ」などという人がいたかをよく思い返して欲しいわけです。そこまで言う人はめったにはいません。ただし，日本人は極悪非道で我利我利亡者の侵略者だという，あまりにも極端な考え方からすべてが出発している，強引な解釈ばかりを言う人は，ある種の政治的なキャンプの中にはいたりしますね。でも，何もかも一緒くたにして「戦後民主主義は自虐史観である」などと言ったら，あまりにも戦後民主主義がかわいそうです。自分たちの御先祖様のしたことや考えたことを，正しい意味で批判的にとらえ返そうとすることをすべて「自虐」と決め付けるのも，有益な議論を産み出しません。

7．あの戦争の意味を考える契機としての日の丸

　私は1962年生まれです。東京オリンピックの記憶すらありません。ですから当然昭和20年8月15日の記憶もありません。でもこれまでに，日の丸に関しては色々考えましたし，今も考えています。諸先輩方に，昭和20年8月15日というのはどういう日だったのか，別に大したことじゃなくていいから，その日の思い出を教えてくれと聞きますと，共通していることが一つある。それは，「とにかくあの日は暑かった」ということで，太陽がこうギラギラ照り付けて，腹は減るし，玉音放送のラジオは良く聞こえない。「朕深く」などと言っているのですが「耐え難きを耐え」しかわからない。しかも，それも後から聞いた話であって，その時はガーガー何言っているのかもわからない。実は天皇の肉声が終わった後にNHKの解説者が，「畏くも天皇陛下におかせられましては」と説明があったから，「あ，負けたんだ」とわかったそうです。
　でも私はその話を聞いて思うわけです。あの戦争で兵隊が260万人，一般国民が50万人死にました。合せて310万人が死に，かつアジアの民衆が1500万人が死んだと言われています。それを念頭に，私はあの日の丸をどう考えようかと思ったわけです。私の世代にとっては日の丸の一番古い記憶は，メキシコ・オリンピックで，マラソン選手の君原が銀メダル取ったあたりです。平成の学生さんには申し訳ありませんが，君原という人がいたのです。苦しそうに首を振りながら走って銀メダルを取り，メキシコシティの競技場のポールに日の丸が揚がっていまして，当時私は保育園に行っていたのです。保育園の先生が，「君原が，がんばったんです」と泣きながら，みなさんも君原のように立派な人になりなさいと言っていました。
　だから私にとって日の丸のイメージというのは，あの平和の祭典であるオリンピックのイメージです。そこにはあの「血塗られた15年戦争」などというものは，感情的にもイメージ的にもないけれど，その後色々勉強する中で，だんだんと日の丸について考えがまとまってきたのです。
　私は，戦後生まれの政治学者として，「あの8月15日の太陽があの日の丸の

赤なんだなと思うことにしよう」と考えるようになりました。なぜあのようなことになってしまったのかという気持ちと、あの時の何を考えなければいけないのか、この先何を考えなければならないのかという、そういった思想のスタートとして、そこを思い出すために日の丸というのは「あの日のギラギラした太陽」なのだと思うことにしようと、私の場合は、そうした暫定的結論が出ています。人が納得してくれようと批判しようと、私はそう判断したわけですね。

　そのことを自虐史観批判をする人たちに説明して、その反応を知りたかったのです。だが、彼らは一様に「うーん」と黙ってしまうのです。もちろん私は、どこで立場が分かれるのかをはっきりさせるために、やや挑発的に言うのです。はたして私の言っていることは自虐史観なんでしょうか？　もしそうだと言われても、あの日の丸の旗が、あの８月15日の暑いミンミンと蝉が鳴く、なんでこんなことになっちゃったんだろうと問いを立てた、あの赤い太陽の光なんだと思うことは、私と私の先輩たちと、そしてこの問題を共有している人々の間で、一緒に考え合う大事な問題であると思うのです。そして、そのように考え続けることは、私たち自身と死者を重んじ続けることだと確信しています。重んじているからこそそう考えようとしているのです。私の考えは変でしょうか？

　でも、やはりかなりの人が、「岡田さん、やっぱりあんたの発想は戦後民主主義の典型だよ。自虐史観だよ」と言うのです。でも、いくら考えても、どうしてこんなにたくさんの人が死に、とてつもない数の人生が台無しになったのかと、日の丸を見て考える、その意味で日の丸を重んじることのどこが自虐史観なのか、どうしてもわからないのです。未だにわからない。「あんなことになってしまった」という認識がいけないのでしょうか？　それとも310万人の死は「あっぱれ！」と言うべきものなのでしょうか？

8．戦後民主主義的な「あいつ」が嫌い

　4番目ですけども、どうも戦後民主主義を悪しざまに言う人の話を聞いてみ

ますと、それはどうも戦後民主主義が悪いのではなく、「昔俺の嫌いなやつがいた」という話なのです。真偽のほどは定かではありませんけれども、全共闘時代のときに、大学でバリケードを作って、みんなで心合わせて闘うぞと決めたのに、その段取りや約束事がスパイによって漏れていた。誰かが大学当局に知らせたんだ、といった話をよくしてるんですね。こちらは当時小学生ですから、へーと思いながら聞いているのですが、今や非常に有名になった政治家の名前がたくさん出てくるのです。どうにも眉唾な感じがして、当時の関係者に聞いてみたら、「俺たちの間じゃ有名な話だよ」と言う。そういう人がいっぱいいるんですね。つまり、昔スパイだった奴、あるいは政治的な対立関係にあった人、そして何だか信用できない裏切り者といった人たちに対する恨みつらみが、いつの間にか「戦後民主主義の欺瞞性」などと言う、昔あまり深くものを考えなかった人たちが多用した言葉にミックスされてしまった感があるのです。

　吉本隆明という思想家がいますけれど、60年安保の時に東大の政治学者であった丸山眞男をかなり酷い言葉で批判をしました。そして、その吉本を大変熱狂的に支持なさる方々も、丸山眞男が大嫌いな人が多いです。進歩派陣営か何か知らないが、要するに丸山は戦後民主主義の一つの権化・権威であり、大衆を上から見下す偽善的な学者だ。その意味では、安保反対と言いつつ、大衆を動員の客体としか見ない、社会党や労働組合同様、戦後民主主義的欺瞞を体現する存在である、というふうになる。

　しかし丸山は60年安保改定の、あのお祭り騒ぎの後から、現実の政治に対する発言をほとんどやめてしまった。つまり、丸山が戦後民主主義についてのある種の言説というものを公共的に発していたのは1960年あたりが最後だったわけです。だからそれ以後デモクラシーをめぐる言説は、色々変わってきたのですから、丸山批判をいまだにクドクド同じ言葉でやってる人たちに対しては、申し訳ないですけども、吉本があまりに好きなばかりに丸山が憎く、だから坊主憎けりゃ袈裟まで憎いみたいな話で、だから戦後民主主義が嫌いなんだと言ってるんじゃないですかと勘繰りたくなってくるのです。

9. 君主制復活論者

　非常にわかりやすい人たちもいます。「大日本帝国復活せよ」という人たちです。戦後民主主義というのは，戦前の君主制を転覆させた，とんでもないものだ。占領軍がやってきて，日本の大事な天皇制をひっくり返したのだというわけです。これは先ほど出てきた例にも似ています。とは言え，実はそんなにひどくはひっくり返してないんです。なぜならば，極東軍事裁判で昭和天皇が被告になることを，マッカーサーは一生懸命回避したのですから。いわば，マッカーサーが昭和天皇を救ったという側面もあります。しかし，いずれにせよこの君主論者の言っていることの筋はわかりやすいんですね。彼らは，君主制度復活論者です。士農工商に戻れとまでいかなくても，われわれは天皇の赤子（せきし）であると。民草（たみぐさ）は政治の決定なんかに関与しなくてよく，われわれは命に代えてもひたすら天皇陛下をお守りするだけなのだと。その意味で言うと近代的な自由，市民的自由の持つ価値すらも否定してますから，これは筋金入りの人々です。その立場に立てば，戦後民主主義というものは，われわれの大切にしていた天皇制というものを覆したんだという主張は，どれだけの説得力があるかは別として，それは話としてはわかるわけです。

10. 反米憲法改正論者

　憲法改正論者は，戦後民主主義に否定的な評価をする人が多いです。彼らからすれば，「戦後民主主義というのは，あの戦後の新憲法を容認する体制のことなのだ。そもそもあの憲法はマッカーサーによって，アメリカによって押し付けられた憲法であって，アメリカの国益のために作られた。日本に再軍備をさせないことによって，アメリカは極東アジアにおける軍事的なプレゼンスを維持し，ソ連と対抗するためのフリーハンドを得る。その時不確定要素としての日本の再軍備というものは，アメリカの国益に総じて貢献しないというアメ

リカの国益に依拠して作られたものだ」。およそ，こういう議論です。この時，戦後アメリカに押し付けられた新しい憲法体制のことを戦後民主主義と呼ぶわけです。これもある意味でわかりやすいわけです。

　戦後民主主義というものはここでは何を意味しているかというと，アメリカによって押し付けられた新憲法がもたらすデモクラシー，というものであって，そんなものは到底容認できないということになる。日本民族の手で憲法を作り上げなければ，いつまでもアメリカの精神的奴隷のような戦後民主主義が続くだけであると。

　ある時，銀座歩いていましたら「憲法の改正に賛成ですか反対ですか」とテレビ番組の映像用にインタビューをされまして困ってしまったのです。なぜかというと，憲法改正の問題は，「変えるべき→押し付け憲法だから」というはなしではなく，「変えるって言われても，第1条改正，第9条改正それとも前文問題？」と，この話は零か百かという形で聞かれても答えようがない。

　そもそも，私の最大の関心は第9条改正より，むしろ第1条だと思っているわけです。皇室の方々というのは，本当に御労しい人々であって，選挙権と職業選択の自由がない。ことに職業選択の自由がないということは，基本的人権が無いということです。1946年のいわゆる「人間宣言」で，昭和天皇はその神格性を自ら否定なされた。でも人間ならば人権が必要です。ところが様々な法律によれば，やはり皇位継承者には職業選択の自由がなく，参政権がないから，つまり市民的な自由がないのです。戦後の憲法は押し付けかどうかという話と，この話はあまり関係が無い。押し付けられようと自主的なものであろうと，ある政治体制において市民的自由が認められない人々が存在するような憲法は，近代立憲主義の原則からはずれるわけですから，そんな憲法はだめです。戦後民主主義の話も，もう少しこのあたりとリンクしてもらいたいのです。

11. 東大・岩波・朝日の連合としての戦後民主主義？

　先ほどの「昔嫌いな奴がいた」という例とやや似ているのですが，戦後民主

主義を否定する人の多くは，いわゆる「岩波知識人」やリベラル中道左派の『朝日新聞』を嫌悪している場合が多いです。何かと言うと，「いいですか？　じつはね，これは結局朝日新聞の陰謀なんですよ。やっぱりね，朝日は左翼ですから。朝日こそまさに自虐の根源です。諸悪の根源は朝日です」と言う。この時，朝日新聞という言葉が何を象徴しているかです。それは，「岩波文化人・岩波知識人」と呼ばれるものが何を象徴しているかと重なる部分でもあります。『世界』という月刊誌がありまして，そして昔は『朝日ジャーナル』という週刊誌がありました。

　いまや『朝日ジャーナル』はもうなく，岩波知識人といっても，平成の学生諸君は，その言葉の意味すらわからないと思います。戦後，『世界』という雑誌に集った進歩的知識人と呼ばれた人たち，丸山眞男をはじめとしまして，そこに集った言論人たちに共通していたのは，多くの人がだいたいみんな東京大学を出ていたことです。東京大学の先生たちは，岩波から本を出すことが非常に多かった。これは統計的に言えると思います。そのあたりのことを総合して，朝日や岩波の悪口を言う人たちの持っている印象をまとめてみると，要するに，彼ら朝日・岩波・東大の進歩的知識人は，学問の自由を守れと言い，平和を欲すると宣言し，安保改定に反対し，戦後の日本国憲法を擁護している。でも，実は個人的に付き合うと極めて威張っていて権威主義的で，酷い「上から目線」で，「市民政治」とか言いながら，家に帰ると奥さんを抑圧して，家事なんて一切やらないし，八百屋で今何が旬だとか，何が安いとかそういうことは全く知らないで，「詰め込み教育に反対」するくせに，自分の子供が東大に入れなかったら「お前はクズだ」といって，実はそんなきれいごとばかり言っている，偽善と欺瞞に満ちた「いやな奴ら」だということです。

　昔は影響力があったものの，今やもうそんな支配的な力はなく，むしろ言論人としては衰弱しつつある岩波や朝日新聞に対して，幻を追いかけるようにしながら敵対する。言わば戦後民主主義的なるものと必死に戦うドン＝キホーテ，水車を見て夢中で戦いを挑んでしまう姿があるようです。

　でも，もしこの話を「戦後の進歩的知識人といわれた人たちの限界」という形でとらえ返せば，「実は嫌な奴ら」という情緒的な話ではなく，権力をめぐる重要な指摘になりうるのです。つまり，戦後の知識人の多くは自ら「反権

力」を標榜していたのです。だが、彼らは「権力から疎外されていること」と「権力から自由であるということ」の区別ができておらず、自分が反権力の立場をとることはイコール権力から自由であるという安易な考え方をしてきた人たちです。デモクラシーにとって非常に重要な、「権力に否応なしにコミットして、その中で賢明な権力の運営をしていくという毅然とした態度と慎重な制度設計を引き受ける勇気や知恵」を出してこなかったという意味です。岩波も朝日も、権力批判はするが、権力を上手にコントロールするプロセスを我が事として引き受ける大切さを無視してきた人たちなんだという意味ならば、この批判はなかなか戦後の言論における問題を正しく突いていると思えるのです。

12. 衆愚としての戦後民主主義

　次に挙げられるのが、「公民ならぬ衆愚による欲望むき出しの戦後民主主義」を批判する言説です。これはかなり拝聴するに値する、古くて新しい問題を含んでいます。この主張によれば、公民として生きるということを考えれば、戦後民主主義というのは経済的な豊かさや人間の自由などを主張するばかりで、自分たちが社会を構成・維持する一人として公共的な責任を分担しなければならないということを忘れて、フリーライダー（ただ乗り者）になり、もっと公共事業や補助金をよこせ、子供手当てもまだ足りない、とひたすら要求する連中による衆愚政治です。

　選挙が終わりまして、最近なかなか上品な記事が多い『週刊新潮』という雑誌に載っていた表紙のサブ・タイトルが忘れられません。確か「われら衆愚の選択」だったと思います。愚かしい大衆によってついに馬鹿げた選択がなされたという意味なんでしょうけど、その大衆相手に向かって雑誌を売っている貴方は何なのかと。みんな賢くなったら売れないじゃないかと。

　いわゆる大衆批判というのは、物質的、金銭的充足以外に社会を語る基準を持たない者たちへの批判です。戦後の日本では経済成長と豊かな暮らしがあれば、それ以外のことは大した問題にはならない。そこでは、このソサエティを誰が支えるのかという責任の意識、公民の意識というものがなく、成り上がり

者たちによるデモクラシーがあるだけである。憲法によって民主的な制度はあるが，しかし，そこには利益集団のような欲望に支えられた，人のことを考えない，ひたすら自己中心的な者たちが跋扈(ばっこ)している。だとすれば，責任なき愚民の集いにおいて，自由だの民主主義だのそんなものは意味がないんだということです。

　われわれ人間を，単体の人間としてこの社会に存在する者と考えることはできません。自分が存在することの意味が生ずるとすれば，それは人と共に生きるということ以外にはありません。だから，大衆はこの世の中を支える責任の意識がなければならないし，時には公共のために自分の利益に反する決断をしなければならない。それができるデモクラシーでなければならないというのが，この主張のポイントでしょう。こうした考え方は非常にまっとうであるように思われます。

13. 丁寧な言葉の紡ぎの必要性

　これまで色々な考え方を示してきました。結局皆さんひとりひとりが，どの意味付けを大切にしたいかを選択なさるのだと思います。大切なことは，舌を巻くような，はっと思うような新しい意味内容をこのやや疲れた言葉に込めるというよりむしろ，自分はこの言葉でこのことを言おうとしているのだというふうに，丁寧な言葉をつむいでいくことです。

　今どきの若者は全くだらしがなく，電車の中でもすぐに座ろうとする。情けない奴らだ。こういう奴らを生んだのが戦後民主主義だと言いたくなっても，それは大雑把ですね。子供のころ，横須賀線の中がガラガラに空いていて，いくらでも座れるのに父親が怒るんです。半人前の人間は席に座るなと。私は座りたいんですけど，あれを見なさいと言われる。横須賀に帰る防衛大学校の学生が吊革につかまって立っている。防衛大学校の学生はどんなに電車がすいていても絶対座らないのです。どうやら私の父親は，海軍兵学校に入りたかったけれど，当時海兵に入るのは東大に入るより難しかったし，見た目も麗しく，女の子が「まあ海兵の人よ」というほどもてたそうで，どうも防衛大の学生と

海兵の学生を重ね合わせて「座るんじゃない」と言っていたのかもしれません。私は，空いている時は座ればいいじゃないかと思いましたけど，そういうことを言っても父親は，ある種の古い価値観に基づいて「座るな」と言うわけで，でもその時に自分の価値に反するような，昨今の人たちの価値観や行動規範を全部まとめて「戦後民主主義的」というふうに言われても困ってしまいます。我々昨今の人間がダメ人間かどうかは別として，そんな時に「戦後民主主義」なんて使われたら，戦後民主主義という言葉がかわいそうです。

14．鳩山民主党政権は戦後民主主義的なのか？

　さてそれでは，鳩山民主党政権は戦後民主主義的なのでしょうか？　これもまた大テーマなのですが，少しだけ触れてみたいと思います。ここでももちろん，これまで御紹介してまいりました，かなり恣意的な意味付けをもって，色々な意味をこめて言葉を乱用する言いかたで「しょせん鳩山民主党政権なんてものは，やはり戦後民主主義的でダメなんだ」と言っても，あまり皆で建設的な議論をしようということにはならないのです。だから，あえて真正面から「もし鳩山民主党政権が戦後民主主義的だとするならば，それを語るやり方はどんなものなのか？」と考えたほうが明日につながります。

　民主党政権が生まれたことや，民主党がこの国の政治の何を変えようとしているのかを念頭におけば，その川の流れで考え，そして批判的に語ってみれば，次のようになるでしょう。つまり戦後民主主義とは，

　「明治政府成立以降100年以上延々と続き，敗戦後も解体されることなく維持されたエリート官僚の主導によって造られたステージの上で，自民党と社会党が擬似的な対立を演じながら，社会的生産物を企業・団体を通じて配分するという合意の下で行われた政治体制（55年体制）であり，冷戦終焉後も惰性により続いたその変奏曲として今日まで続く官僚に支配された政治体制のこと」。

　これはどういうことか。「敗戦後も維持された」となっているところに注目してほしいのです。「戦後」民主主義という言葉ですけれども，「戦後」という

言葉の中には，皮肉をこめて戦前から継続しているというものを揶揄するような意味がこめられている場合があるわけです。そこで，あえてそれを使ってみようというわけです。では，敗戦後も維持された官僚主導のステージとは何か。

マッカーサーがやってまいりまして，日本のあらゆるものが大きく変わってしまいました。民法制度も変わって，農地解放も行われて，寄生地主制もなくなりました。また，警察制度も変わり，特高もなくなりました。朝鮮戦争までは，自治体警察というもので，中央集権的な警察でなくて県警がトップで警察行政をやるという自治体行政はすぐに朝鮮戦争の後なくなりました。そうしたことがたくさんありましたから，日本はマッカーサーによって大きく変わったことは間違いないんですけども，しかし，マッカーサーが絶対に手をつけなかったものが一つあります。それこそが「官僚制」です。

マッカーサーは，日本のデモクラシーは小学6年生くらいの水準だと言いました。だが，デモクラシーを成長させることが彼の目的ではありません。彼の目的は，アメリカが可能な限りコストをかけずに，実効性のある極東支配をおこなうという政治的なリアリズムに基づいています。社会を実効的に管理するには日本の官僚制は非常によくできていました。行政の末端機関などは人体で言うと毛細血管のようなもので，この官僚制に手をつけると日本の占領行政がうまくできなくなる。だから一部を除いて，つまりあらゆる権限が集中していた内務省だけ，郵政省（当時は逓信省）や建設省，厚生省といったものへと分割しましたけども，基本的には財政を預かる大蔵省には一切手をつけませんでした。スーパー・エリート軍人の一部は，言うまでもなく極東軍事裁判で血祭りにあげられました。ところが，あの戦争を始めたときに官僚たちが担っていた責任も，そうとうあるにもかかわらず，それは基本的にはほとんど問われていません。

マッカーサーは官僚を残し，そこだけは変えなかったから，先日民主党政権になるまで120数年も事務次官会議が続いていたわけです。この間，事務次官会議で安全だと判断された案件だけが，大臣に判子おしてくださいと閣議に送られるようなやり方をずっとやってきました。120数年，戦争があっても官僚は変わらずにです。そういう官僚主導のステージの上で，1955年以降自民党と

社会党が擬似的な対立を演じてきました。

　55年体制の下では，自民党が法案出すと社会党はそれに反対するふりをしていましたけど，本気で反対したのは憲法改正だけで，それ以外は反対しない。というかよくわかっていない。永田町の底の底では自民党と社会党は共通の利益でつながっていました。数を背景にした本当の対立になっていない。なぜならば財界や資本主義を肯定する政党が当時は一つしかなかったからです。社会党のバックは労働組合です。それなら労働者の利益代表と，財界・資本主義の利益代表がぶつかりあっているのだから，それこそが本当の対立だと思うかもしれませんが，実は違うのです。社会党のバックの労組は，大企業の労組です。三菱重工労働組合，東芝労働組合といった組合です。日本の企業の99%が中小企業ですから，いわば社会党は日本の1%の大企業を背景にした組合が運営していたわけで，憲法第9条を守るための120議席ぐらいをとるためだけに努力する。政権を取る気など全くありませんでした。

　三菱重工労働組合と三菱重工の関係は，稼ぎのいい旦那とその旦那さんに御小遣をあげる奥さんのような関係ですから，本当に利害が対立することなんかない。したがって99%の中小企業に所属する労働者の利益を代弁する政党が，最初はいなかったのです。そこで，1960年代になりますと，創価学会・公明党が一番苦しい思いをして働いている人たちのために，組織を作って政治的な活動を始めざるを得なかったわけですね。社会党がよるべなき社会を下から支えている人々をまじめに救おうとしなかったからです。

　そういう対立をしながら，社会的生産物を企業団体を通して配分するという合意が成立していた。自民党に献金している団体，社会党にお金を運んでいる労働組合・団体，基本的には，自民党の場合には医師会や農協という巨大な組織が当時ありました。自民党は財界や団体を通じて，実質的な所得の再分配を行う。社会党は大企業の労働組合や，日教組といった公務員団体を通して所得の再分配を行う。そういう合意が成立していたと言ってよいでしょう。これを55年体制というのです。なぜ「55年」体制かというと，自由党と民主党を保守合同して，社会党が分裂していた左派と右派がひとつになったのが1955年だから55年体制というんです。その後，長い時を経て「自・社・さきがけ」政権ですとか，新進党とか，様々なマイナー・チェンジな政界再編はありました。だ

が，先日の政権交代選挙によって，長い55年体制の変奏曲がようやく，また別の変奏曲へと移行しつつあるのでしょう。

15．官僚支配＝政治家の劣化

　「戦後」というものは，さまざまな紆余曲折や改革によって，新しい憲法の下で普通の世界水準の議会政治と政党政治を機能させるための基本条件がそろったということをストレートに意味します。同時に裏の意味とは，戦後にもかかわらず戦前から続いているもの，「新しき戦後」の裏側にひっついているもの，つまり「官僚体制」です。デモクラシーとは，ある面で利益配分の決め方のことです。55年体制では利益配分は基本的には，自民党と社会党が支持する企業や政治的な団体というものを通じて行われるシステムであって，その基本設計と段取りを有能な官僚が行う体制のことです。皮肉めいた形で言うと，そういう意味で，そこにアクセントを置いて考えれば，戦後民主主義体制というのはそういうことだったんだということになります。今日のタイトルに関わる，その部分が戦後民主主義の，私が考える「影」の部分です。

　では，「光」のほうはどうなのでしょうか。この「戦後」という言葉で表現される，皮肉な存在としての官僚に関して，今日の民主党政権が必死にがんばっているのは，この事務屋さんとしての官僚の役割をもう一回考え直そうという巨大な実験です。これは政治学者として，考えれば考えるほど巨大な実験です。事務次官会議がなくなるということは，まことにもって衝撃的なことです。百年以上続いてきたのですから。

　事務屋さんである官僚の役割を再検討するということは，裏を返せば，それは官僚の問題というよりもむしろ，今まで政治家のレベルが低すぎたのだという話でもあります。だから実は官僚支配じゃなくて，それは「政治の劣化」だったんじゃないかということです。やるべきは官僚バッシングじゃない。ダメなのは政治家のほうだったのですから。でも，今や少しずつ変化が見られますね。

　自民党の逢沢一郎さんという政治家は，自民党政権の予算委員会の委員長で

した。自民党が惨敗した直後，両院議員が集まる会に出て来て発言しているところがテレビで流れました。予算委員長ですから，この人は予算委員会の審議をずっと見ていたわけです。逢沢さん自身も認めていましたね。「私は予算委員長として見てきましたけども，自民党の同志に比べて，民主党の議員が予算委員会でする質問の内容はレベルが高くて，なかなか鋭い質問していましたよ。そのとき私は，これは自民党はダメかもしれないと思いました」と。元予算委員長が自分で言っていました。そういうことを謙虚にきちんと認められる冷静な人がまだ自民党にちゃんといるということが，私たちのデモクラシーの救いかもしれないです。あのときに僕はダメだと思った。やっぱり民主党の若い人たちは，みんなよく勉強していたと。

　民主党の若手議員のうちの相当の数の人たちが，自分で法律の法案を書けるそうです。自民党の議員に，これまで長く続いた自民党政権の中で，議席に座っている一回生二回生の議員の中に，自分で法律案を書ける人は沢山はいませんでした。13年野党やっていた間に元官僚の人，その他にも能力ある人がたくさん集っていましたから，それだけ政策能力の高い人たちがいます。同時に，それに対抗する形で自民党の若手も，派閥の論理が後退して以降，かなりの人材が出てきています。でも今回は選挙基盤も弱くかなり落選してしまいました。

　ところが民主党の中には，仕事もできるし専門知識もあるから，今までの社会での活動歴に応じて，もっと仕事させてもらいたいと思っているのに，「ポストがないから仕事がない」と言って怒っている人がたくさんいる。こういう事態を知るにつけ，「戦後民主主義っていいものだなぁ」と思ったりします。なぜならば，そんなことは今までなかったし，考えられもしなかったからです。活躍の場がなくて，専門知識を生かせる場がなくて，若手政治家が不満で大変だなどということ，自分で法案を書ける人が国会にたくさんいるということ，そういう国会があるということは，すっかり劣化した国会というものを取り戻すのに十分な可能性を秘めているのです。

おわりに:「光」としての戦後民主主義

　政権交代というのは，簡単に言ってしまうと，先ほど触れましたように，「自分の生活や人生プランに直接間接影響を与えている決定に対して，そこにかかわる根源的な権利」を行使した後の，一つの政治的帰結なんですね。今回の政権交代は，卑近な例で言えば，金の無駄遣いをする町会の役員を全部取り替えてしまったぐらいの意味です。町会の運営も色々面倒で大変です。お祭の寄付金集めて回るとか，町会長もがんばってるから応援しなきゃいけない。月に1回土曜日に町会の役員会に出るのも，結構面倒くさいです。でも，なあなあで人任せで50年やっていたら使途不明金が200万円くらい出てきたりして，その金はだれがどうしたのかわからないぞとなり，昔はいろいろあったらしいですねと放置していたら，それが借金になっていて，町会全体が200万円借金していた。どうするんだ？　そういう話です。

　未来のことは不確定ですが，少なくともこれまで好き勝手にやってきた，町会の役員たちを全部取り替えてしまったのが，今回の選挙です。しかも一滴の血を流すこともなくです。人類の歴史では，権力が変わるときに誰かが必ず死にましたからこれはすごいことです。権力を担う人たちが，町会の人たちが，お祭りの寄付金をいい加減に放題に使っていた人たちが，全部取り替えられ，かつ一滴の血も流すことなくそれができたということに対しては，僕たちは胸を張っていいことだと思います。ガタピシ言いながら走り続けて，百点満点でも50点ぐらいだけど，まだまだ政治家のレベルや有権者の水準は上げなければいけないけれど，それでも戦後民主主義はそこそこ頑張って来ている。そうやって肯定的な評価を確認して，なおも正面から戦後民主主義をきちんと考えていこうじゃありませんか。

〈質疑・応答〉

〈質　問〉
　間接制民主主義・直接制民主主義という言葉が中学校の教科書なんかで使われていますけれども，民主主義のあるべき姿というか，将来的な民主主義というのは間接的な民主主義なのかそれとも直接的な民主主義なのか，その辺をちょっとお聞きしたいと思います。

〈回　答〉
　デモクラシーの歴史からいいますと，制度的には今日の国家単位のデモクラシーは，ほとんどが間接的なデモクラシーです。なぜかといいますと，もともと歴史的にデモクラシーというのは，ギリシャのデモスクラティアであって，これは直接民主主義以外のものを意味しなかったのです。ギリシャのポリスでは直接参加以外はないのです。近代世界になりまして，昔の古い言葉を思い出して，イギリスのレベラーズ（水平派）たちが，抵抗のためのシンボルとして，この言葉を引っ張り出してきた経緯があります。ご存知のように日本は，有権者1億人のデモクラシーですから，直接的デモクラシーは国政レベルでは制度的に表現できない。それがいいか悪いかという議論はありますけれど，これは大きな問題です。

　でも永田町と霞ヶ関でやっていることだけが政治じゃないですね。我々にとって半径5ｍの政治というものがあるわけです。それこそ今度の町会の役員どうするんだ。使途不明金の200万のことをどうやって解決するんだという問題はある。学生だって政治学研究会を作ったものの，それをどうやって運営していくのか。どうもわがままな人もいっぱいいるのに，どうやって運営していくんだという，半径5ｍの中にデモクラシーの問題があるのだから，半径5ｍのデモクラシーを日常的な生活技法として鍛えることなしに，我々は永田町の政治のデモクラシーのレベルの向上を望むことはできないのです。我々は，我々の水準を超えるような政府を持つことはできません。

〈質　問〉
　先ほどお話の中で，官僚のことですけど，120年来続いてきたというお話ですけど，それだと明治政府が明治維新のときに官僚制度を導入して以来，それを延々と続けてきた理由というのはどこにあったんでしょうか？
〈回　答〉
　これには色々な理由があります。一番太い意味でいいますと，そもそも近代的な意味におけるガバメントというものが，明治維新直後にはなかった。近代的統治制度がない国だという現実は，諸外国が見れば，「あそこは野蛮な国で，あんな国は我々が侵略して，ヨーロッパの文明を教えてやらなきゃいけない」ということになる。だからまずは作らなくちゃいけない。明治の最初の政府を作ったときには，官僚と政治家の区別は意味をなさず，まずはとにかく官僚を作ったわけです。
　もう一つはそれに関連しますけども，日本には近代国家がなかっただけじゃなくて，商売をやって，お金を稼いで税金を政府にたくさん払うことができるような，ビジネス層というものがいなかったわけですね。そういう人たちを「上から」作らなきゃいけなかった。その意味では，官僚が上から社会を育てたという，スタート・ラインからこの社会は始まっているのです。だから，「この国とこの社会をここまで育てたのは他ならぬ我々である」という心の遺伝子が，今日の官僚制度の中にも脈々と息づいているのは無理もないのです。
　いま一つは，先ほども言いましたが，政治家がそれを利用したということです。官僚主導のやり方をうまく利用して，戦後の政治家たちが自分たちの利益というものを実現したということがあります。もし官僚がいなくても自分たちで法律が書ける，データさえあればいろんな分析ができる，政策的選択肢をいくつも考える上でコスト計算をすることができる，そういうことをできなければならないはずの「官僚ではない政治家」が国会にきちんと揃っていれば，官僚は事務屋ですから事務の手伝いをすればいいはずです。自民党時代に若手の優秀な官僚が言っていました。「とにかく本当ならもっといい政策を作るために勉強したいし，その時間が欲しいのだが，国会が始まると自民党の大臣，先生方が答弁書作ってくれと丸投げするから，それを朝の5時まで作っていて，寝る時間もない」と。「それさえなかったら自分ももっと政策の勉強できるの

に」と。

〈質　問〉
　官僚制についてすごく興味があったんですけども，例えば，今，市民団体が派遣村なんかの関係で「25条の会」を作ろうとかそんなこと言ってますけども，ここで先生がおっしゃっている官僚というのは霞ヶ関の官僚のイメージですよね。でも，もっと末端の，例えば区役所で生活保護をとらせないとか，「水際作戦」とか，そういう問題があります。それはもう延々と戦後ずっと行われてきたんです。政権が変わってもですね。これで戦後民主主義という無血クーデターみたいにガラッと変わると，先生はすごく期待に満ちたことをおっしゃってるんですけども，本当に変わるんでしょうか？　そういう体質とか全然変わらないまま上だけ変わっても，しょうがないなって思いたくなるような体制がずっとあった気がするんですけど，そういう体質は変わるんでしょうか？

〈回　答〉
　今おっしゃったことはですね，政治学や行政学では「ストリート・レベルの官僚制」の議論なんです。ストリート・レベルとは何かといいますと，まさに自治体の窓口のレベルで行われている，職員によるさまざまな，行政的な作為や不作為の場です。実は，そこが一番大事なんだという議論している人が行政学者の中にいるんですね。問題は，じゃあ誰がそういう役人を取り代えるのかということです。その不親切な役人に「その働き振りではあなたじゃないひとに取り代えるしかありませんなあ」というような手続きをもし作るとしたら，それは私たちの生活圏内である個別の自治体でやるわけです。
　ここには自治体の職員の方も何人かいらっしゃると思いますけども，例えばですね，地方議会とは何のためにあるのかを考えた事ありますか？　それから地方の予算，自治体の予算はどのように決まって，どのように執行されるのか，そして誰がそれを決めるのか御存知ですか？　実は，日本の地方議会には予算編成権がないんです。私が言っていることの意味がわかりますか？　もう一度言いますよ。「日本の地方議会には予算を作る権限がルール上ない」のです。権限は誰にあるかといえば，首長（と実質は幹部自治体官僚）にありま

す。自治体の代表として議会にやってきて，議会を構成しているメンバーが，自分たちの自治体の予算編成をする権限がなく，法律によると，首長が出した「予算案に質問をすることができる」と書いてある。予算編成にかかわれない議会とは一体何なのか。それはもう議会じゃないでしょう？ イングランドとか，アメリカの自治体に行きますと，さっきまで農作業をしていたおじさんが，夜になるといきなり地方議会にやってきて，「来年度の俺たちの予算編成の案を作ったぞ」と丁々発止とやっています。議会っていうのは何のためにあるのか？ 議会っていうのは予算を作るためにあるんじゃないのか？ そんなことすらできないのが日本の自治体の議会です。そういう問題から始まって，地方自治体における色々な弊害，あまり民主主義的でない制度がたくさん残っています。

　それではいったい誰がやるべきかといったら，この政府に一番物理的に近いところに住んでいる人たち，すなわち地元住民です。では地元住民が，本当にそれを変えようとするためにはなにが必要か。それは「切実な気持ち」です。バカな首長と馬鹿な議員を選んだおかげでバカな事態が起こって，お金が無駄になったり，生活が苦しくなったり，とんでもないことになったときに，その解決の道筋を言葉で説明できる人間がわかりやすい言葉にしてメッセージを出し，それによってハートが動いて，多くの人の肉体が動いて，「こんな首長はやめさせろ！ そもそもなんで議会に予算を作る権限が無いんだ？ 俺たちの街にはどうしてこんなに使える金がないんだ？ 何で地方交付税交付金をもらわないと市役所の蛍光灯一つ取り替えられないんだ？ なんで俺たちはこんなに貧乏なんだ？」となっていかないと，そういうお尻に火がつくようなことがなければ，僕たちの街は変わらないですね。

第3章
日米関係の新展開
―日米首脳会談を手がかりに―

（浅野　一弘）

1．はじめに

　本日（10月16日），わたくしにあたえられましたテーマは，「日米同盟関係の新展開」というものであります。ですが，鳩山政権がスタートして，まだ，30日しかたっておらず，しかも，鳩山首相の所信表明演説さえもおこなわれていません（ちなみに，鳩山首相の所信表明演説は，10月26日に，実施されている）。したがいまして，残念ながら，鳩山首相の考える日米関係というものの方向性が，現時点では，明確にわからないような状態です。

　そこで，本日のタイトルにあります，「新展開」ということばに着目してみました。「新展開」ということは，それまでの経緯があったうえで，あらたな展開がみられるわけです。そうであるならば，いまあらためて，これまでの日米同盟関係の歴史をふり返っておくことこそが，あたらしい展開を知るうえで，きわめて重要ではないかと思ったのです。

　ですから，本日のわたくしの講演では，同盟という軍事的な側面だけでなく，これまでの日米関係全般について，検証をしてみたいと考えております。その際，講演のサブタイトルにございますように，日米首脳会談というものに注目してみたいと思います。と申しますのも，これまで，日米首脳会談は数多く開催されており，そのときどきの両国間の懸案の処理の場として活用されてきた経緯があるからです。

2．戦後日米関係の展開

　では，まずはじめに，戦後の日米関係がどのようなかたちで推移してきたのかをみておきましょう。

　1951年9月8日，吉田茂政権の時代に米国のサンフランシスコでおこなわれた講和会議の席上，いわゆる「対日平和条約」が調印されました。これによって，日本は，念願であった国際社会への復帰をはたしたわけです。しかし，これとときをおなじくして，日米安全保障条約（＝「日本国とアメリカ合衆国との間の安全保障条約」）が締結されたため（発効は，1952年4月28日），日本は，いわば米国の"同盟国"として，西側陣営の一員にくみこまれることとなりました。その当時調印された，日米安全保障条約は，きわめて片務的なもので，日本は，米国に対して基地を提供する義務があるものの，他方，米軍による日本の防衛義務については明確に規定されておりませんでした。この片務性の解消を目指したのが，のちに登場する岸信介首相です。

　また，1950年6月25日に勃発した朝鮮戦争は，米ソ東西両陣営による冷戦をいちだんと激化させました。ですが，その一方で，日本は，いわゆる「朝鮮特需」によって，経済復興をはたし，その後の経済発展の基盤を形成することとなります。さらに，米国のサポートを受け，日本は，1952年にはIMF（国際通貨基金）に，また，1955年にはGATT（関税および貿易に関する一般協定）に加入いたしました。

　このように，1950年代をつうじて，日米関係はきわめて良好な状態にあったといえます。ただ，1954年3月1日の第五福竜丸事件を契機として，しだいに，日本側で，反米感情が拡大していきました。しかし，日米関係が危機的状況におちいるといったような事態にまでは発展いたしませんでした。

　つぎの1960年代は，安保改定とともにはじまったといっても，過言ではないでしょう。さきに述べましたように，片務的な日米安全保障条約は，1960年1月19日に双務的なあたらしい条約（＝「日本国とアメリカ合衆国との間の相互協力及び安全保障条約」）へと改定されたのです（同条約の発効は，6月23

日)。そのため，日本国内では，安保改定に反対する革新勢力が広範な運動を展開し，ついには，ドワイト・D・アイゼンハワー大統領の訪日を中止に追いこむなど，戦後，はじめて日米関係は，危機的状況になったといえます。

　そうしたなかで登場したのが，池田勇人首相であります。池田首相は，「所得倍増計画」をかかげて，安保闘争に参加した人々の関心を政治（安全保障）問題から，経済問題へと移行させることで，日本国内の政治的混乱の収束をはかったのです。また，池田首相は，米国との関係改善にも尽力し，ジョン・F・ケネディ大統領とのあいだで，たとえば，日米貿易経済合同委員会の設置を合意しました（同委員会の評価については，たとえば，浅野一弘『日米首脳会談と「現代政治」』〔同文舘出版，2000年〕，63－66頁を参照されたい）。

　池田首相が退陣したあとは，佐藤栄作首相が，沖縄返還交渉にとりくみます。沖縄返還交渉に際して，佐藤首相は，リチャード・M・ニクソン大統領とのあいだで，いわゆる"密約"をかわしたとされています。この点について，鳩山政権成立後，岡田克也外相が，真相を解明するように命じています。ちなみに，岡田外相が問題視している密約とは4つあり，1つめが，核兵器を積んだ米国の艦船が日本の領海を通過したり，寄港したりすることが可能であるというもの，そして，2つめが，朝鮮半島有事の際は，事前協議の適用はなされないというもの，3つめが，緊急時に，米国は沖縄に核兵器をもちこんでもよいというもの，そして最後の4つめが，沖縄返還にあたって，日本側が費用負担をするというものです。これら4つの密約に関しては，今後，解明がすすんでいくと思われますので，その展開を待ちたいと思います（密約と政権交代の関係については，浅野一弘『日米首脳会談の政治学』〔同文舘出版，2005年〕，33－36頁および浅野一弘『現代日本政治の現状と課題』〔同文舘出版，2007年〕，225－226頁を参照のこと）。

　話が若干，よこにそれてしまいました。なお，この沖縄返還の折りに，「縄と糸の取引」がなされたとの声も聞かれました。これは，沖縄を返してもらうかわりに，日本が米国に輸出している繊維（＝糸）の量を規制するというものです。しかし，佐藤首相が，この取引をすぐに履行しなかったために，1971年になって，米中接近・新経済政策といった，「ニクソン・ショック」が日本をおそうことになるのは，みなさま，ご存知のとおりです。

ところで，1965年をさかいといたしまして，日本の対米貿易収支は一転して，黒字となります。しかも，1969年には，鉄鋼の輸出自主規制（VER）がとりきめられるなど，日米間の経済面での対立もしだいに強まってくるようになります。しかしながら，この段階では，これらの個々の経済問題が，日米関係そのものを揺さぶるというようなことはございませんでした。

　つづく1970年代は，前出の「ニクソン・ショック」によって，幕が開けます。そして，1960年代後半からもちこされていた懸案の"繊維問題"は，1972年1月3日の日米繊維協定によって，ようやく解決をみることとなります。この繊維をめぐる紛争・解決の手法が，その後の日米経済摩擦の対応の原型（プロトタイプ）といえるものになります。ともあれ，1972年5月15日には，沖縄が，「核抜き・本土並み」というかたちで，日本に返還され，それを待って，佐藤首相は退陣を表明します。

　佐藤首相のあとをおそった田中角栄政権の誕生は，米国からは，比較的好意的に受けとめられたといいます（*The New York Times*, Sep. 3, 1972, p. E 12.）。それは，なによりも，田中首相が，かつて通産相として強力なリーダーシップを発揮し，懸案の繊維交渉を曲がりなりにもまとめあげた実績を米国側がたかく評価していたからにほかなりません（Roger Buckley, *US-Japan Alliance Diplomacy 1945-1990* [Cambridge : Cambridge University Press, 1992], p. 129）。

　田中政権下の1973年10月6日には，第四次中東戦争が勃発し，「石油ショック」が生じます。そのため，世界経済は重大な危機に直面することとなりました。疲弊した世界経済を再生・発展させるには，先進各国による政策協調が必要とされ，1975年11月15日から17日までの3日間，第1回主要国首脳会議（サミット）が，フランスのランブイエで開催されることとなります。このとき，日本のサミット参加が認められたことは，すでに日本の経済力が国際経済システムの一翼をになうまでに拡大したことを物語るものであります（第1回サミットに関しては，浅野一弘『日米首脳会談と戦後政治』〔同文舘出版，2009年〕，184-188頁を参照されたい）。ですが，その反面，この事実は，第二次大戦後の世界経済をリードした米国の経済的覇権（＝ヘゲモニー）が衰退の一途をたどってきたことを明確に示すものでありました。

1970年代後半になりますと，サミットの場において，「日・独機関車論」が展開されたように，日本の経済力は，確固たるものとして，国際社会で容認されるようになってまいります。なお，この時期は，カラーテレビに代表されるVERの問題が，日米間の貿易上の懸案事項でした。

　その後，日米間の貿易不均衡はいちだんと拡大し，1980年代に入ると，米国の要求は，"輸出規制"から"市場開放"へと変化します。こうして，米国の主張は，しだいに保護主義的な色彩をつよめていくこととなります。とりわけ，1985年をさかいとして，この傾向は，いっそう顕著となります。これは，この年に，米国が世界最大の債務国へと転落し，かわって，日本が世界最大の債権国となったからです。さらに，先進五カ国蔵相・中央銀行総裁会議（G5）の場において，「円高・ドル安」のプラザ合意が得られたものの（9月22日），米国は，国際経済システムにおける指導的役割を放棄せざるを得ないこととなってしまいました。

　こうした国際経済システムの変容をふまえて，日米間においては，MOSS（市場分野別）協議，自動車交渉，半導体協定，次期支援戦闘機（FSX）問題および牛肉・オレンジ交渉などの争点が浮上しました。さらに，1989年5月25日，米国は，日本のスーパーコンピュータ，人工衛星および木材製品の三品目を対象として，スーパー301条を発動するなど，日本に対して，日米構造協議（SII）の開催をするどくせまりました。

　このように，米国が，日本市場，ひいては日本社会の変革をつよく主張した背景のひとつに，「リビジョニスト（日本異質論者）」の台頭をあげることができます。たとえば，チャルマーズ・ジョンソン，クライド・プレストウィッツ，ジェームズ・ファローズ，カレル・ヴァン・ウォルフレンの4人は，その代表格であって，これらのリビジョニストは，日本を"異質"な存在としてとらえ，米国政府をはじめとする各国の対日政策の転換を訴えたのであります。

　また，米国では，日本の経済的成功をもたらした，安全保障面での「タダ乗り」に対する批判もあって，日本に，「バードン・シェアリング（責任分担）」をもとめる声もさらにつよまりました。その一環として，1978年度からは，「思いやり予算」がスタートしたことは，みなさま，ご承知のとおりです。

　いずれにいたしましても，東西冷戦という大きな枠組みのなかで推移してき

たのが戦後の日米関係です。こうした中で1991年12月8日に，ソ連が崩壊し，東西冷戦は終焉をみました。ここに，日米両国は，「共通の敵」を失うこととなったわけであります。冷戦後の「新世界秩序」の構築に際して，日米両国は地球規模（グローバル）での協力関係をうちたてることがいっそう期待されるようになりました。その文脈ででてきたのが，安全保障面では，1996年4月17日の「日米安保共同宣言」，「新ガイドライン」の合意（1997年9月23日），そして，1999年5月24日の「周辺事態法」の成立であります。

3．日米首脳会談の変容

さきほど述べましたように，戦後，日米間では繊維にはじまり，鉄鋼，カラーテレビ，自動車，牛肉・オレンジ，半導体，コメといった品目をめぐる"摩擦"が存在していました。これらの品目についての摩擦が容易には解決できず，長期化（＝政治問題化）したため，事務レベルでの協議ではない，首脳クラスでの協議を必要とすることがしばしばであったわけです。そのため，ご存知のとおり，日米首脳会談の場において，これらの問題の決着がはかられるというメカニズムが生じました。

もっとも，首脳会談はひとえに経済問題のみを討議する場ではございません。安全保障上の争点をはじめ，そのときどきの争点が議題としてとりあげられるわけです。とは申しましても，戦後の日米首脳会談の力点が経済摩擦問題の解消にあったことは否定しがたい事実であります。しかも，近年の首脳会談では経済問題と安全保障上の問題との境界線も不明確となってきており，両者がリンケージしてきております。

そこで，戦後の日米首脳会談の開催場所などに注目することによって，日米首脳会談の特質を浮き彫りにしたいと思います。

ところで，日米首脳会談そのものの実態をみるまえに，米国務省のホームページにある，「大統領海外訪問」（Presidential Visits Abroad）という項目に注目してみたいと思います（http：//www.state.gov/r/pa/ho/trvl/pres/index.htm〔2009年1月15日〕）。そこには，1906年11月14日～17日にかけておこなわれた，

セオドア・ルーズベルト大統領のパナマ訪問から，2004年11月30日〜12月1日のジョージ・W・ブッシュ大統領によるカナダ訪問までの歴代米国大統領による外遊先が網羅されています。ここで，そのリストのうち，主要8カ国（G8）だけにかぎって，米国大統領の外遊記録をみてみると，きわめて興味深い結果が得られるのです。

表1および表2から明らかなように，G8諸国中，米国大統領の外遊先は，歴史的にみても，回数からいっても，イギリスが群をぬいています。もっと

表1　G8諸国への米国大統領の外遊

	最初の訪問年月日	サミット直前の訪問年月日	サミット直後の訪問年月日	最新の訪問年月日
フランス	1918年 12月14日〜25日	1974年 12月14日〜16日	1978年 1月 4日〜 6日	2004年 6月 5日〜 6日
ドイツ	1912年 11月18日〜 12月13日	1971年 12月20日〜21日	1977年 5月 5日〜11日	2003年 11月18日〜21日
イギリス	1945年 7月16日〜 8月 2日	1975年 7月26日〜28日	1978年 7月14日〜15日	2002年 5月22日〜23日
日本	1974年 11月19日〜22日	1974年 11月19日〜22日	1979年 6月25日〜29日	2003年 10月17日〜18日
イタリア	1919年 1月 1日〜 6日	1975年 6月 3日	1980年 6月19日〜24日	2004年 6月 4日〜 5日
カナダ	1923年 7月26日	1972年 4月13日〜15日	1981年 3月10日〜11日	2004年 11月30日〜 12月 1日
ロシア	1945年 2月 3日〜12日	1974年 11月23日〜24日	1988年 5月29日〜 6月 2日	2006年 11月15日

注：なお，第1回目のサミットがフランスで開催されているため，当時のジェラルド・R・フォード大統領が，1975年11月15日〜17日のあいだ，訪仏しているが，これをサミット直前・直後の訪仏とはみなしていない。

表2

	サミット直前までの訪問回数	サミット直後から2004年12月末までの訪問回数	合計訪問回数
フランス	18回	21回	39回
イギリス	34回	19回	53回
ドイツ	8回	19回	27回
日本	1回	13回	14回
イタリア	8回	15回	23回
カナダ	18回	17回	35回
ロシア	4回	13回	17回

も，イギリスの場合，その属領であるバミューダなどへの訪問もふくまれているため，米国大統領の訪問回数が53回と，ほかの国々よりも多くなる側面がないわけではありません。しかしながら，日本への訪問回数は，Ｇ８諸国中，最低の14回しかないのです。これは，ロシア（ソ連）への訪問回数の17回をも下回っています。いうまでもなく，米ソ間においては，40年以上のながきにわたって，冷戦状態が存在していました一方で，他方で，日本と米国の間には，1951年９月８日の日米安全保障条約締結以降，58年にわたる「同盟関係」が存在していたのです。

　さらに，1975年11月15日から17日にかけて，フランスのランブイエで開催された，第１回サミットをさかいとして，Ｇ８諸国への米国大統領の訪問回数をわけてみると，サミット以前の訪日は，わずか１回しかないのです。これこそが，日米関係の真の実態なのです。

　つぎに，日米関係の変容について，論じたいと思います。そこでまず最初に，首脳会談そのものの定義づけをおこなっておきましょう。たとえば，『国際政治経済辞典』（東京書籍，1993年）によれば，複数国の首脳（通常は首相，大統領）によって開催される会談を一般に，首脳会議ないしは首脳会談とよんでいるようです。その際，首脳会議と首脳会談の相違点は，参加国数，議題および会合運営の形式であって，一般的に，少数国間の首脳による会合は，首脳会談とよばれています。首脳会談は，首脳同士の会合であるため，いきおい，

表3

回　数	年　月　日	目　的
第1回	1974年11月19・20日	◎
第2回	1979年6月25日・26日	サミット
第3回	1980年7月9日	葬儀
第4回	1983年11月9・10日	◎
第5回	1986年5月3日	サミット
第6回	1989年2月23日	葬儀
第7回	1992年1月8・9日	◎
第8回	1993年7月6・9日	サミット
第9回	1996年4月17日	◎
第10回	1998年11月20日	APEC関連
第11回	2000年6月8日	葬儀
第12回	2000年7月22日	サミット
第13回	2002年2月18日	◎
第14回	2003年10月17日	APEC関連
第15回	2005年11月16日	APEC関連
第16回	2008年7月6日	サミット

マスコミおよび世論の関心もきわめてたかく，合意事項の宣伝効果も大きいとされます（西原正「首脳会議・首脳会談」川田侃・大畠英樹編『国際政治経済辞典』〔東京書籍，1993年〕，310−311頁）。ここで一つ確認しておきますと，今回，対象とする日米首脳会談は，もちろん，日本の首相（または首相臨時代理）と米国の大統領とのあいだでおこなわれた会談をいいます。

(1) はじめての日米首脳会談

　日本の首相と米国の大統領がはじめて会談したのは，1951年9月4日であります。場所は米国のカリフォルニア州サンフランシスコで，日本側からは当時の首相でありました吉田茂が，他方の米国側からは当時，大統領であったハ

リー・S・トルーマンが出席しました。そして，吉田・トルーマン両首脳による会談がおこなわれたのです。ちなみに，この首脳会談がおこなわれたとき，おなじサンフランシスコでは，日本の独立を話し合うための講和会議が開かれています。講和会議は，サンフランシスコ市内のオペラハウスでおこなわれました。その開会式のあと，近くのパレスホテルで米国全権団主催のレセプションが開催され，その場で吉田総理大臣とトルーマン大統領が会談をしました。これこそが，第1回目の日米首脳会談にあたるわけです。

　当時の新聞報道に目をやりますと，たとえば，『毎日新聞』には，「トルーマン米大統領は四日夜パレス・ホテルで開かれたレセプションで吉田全権及びその他の日本全権らと四十分にわたり会見した。この会見は特に別室で行われ，日本人記者団も立会った」と記されております（『毎日新聞』1951年9月6日，1面）。また，『日本経済新聞』も同様に，「四日午後八時からパレス・ホテルで開かれた米国務省主催の公式レセプションの際，トルーマン米大統領は吉田首席全権と別室で約四十分間にわたって歓談した」ことを報じています（『日本経済新聞』1951年9月6日，1面）。ただ，『日本経済新聞』には，「このレセプションにはドッジ氏も出席，日本全権団と歓談した」と書かれておりまして，会談に，デトロイト銀行頭取をつとめたジョセフ・ドッジ氏も同席していたことがわかります。

　おそらく，このときの模様をいちばん詳細に伝えているのは，『読売新聞』でしょう（『読売新聞』1951年9月6日，1面）。若干ながくなりますが，その部分をご紹介いたします。

　　トルーマン大統領と吉田首相は四日行われた大統領招待の各国代表のレセプションの際に会見した，サンフランシスコ会議に来ている各国首脳のうち国家主席はトルーマン大統領と吉田首相だけであるが，この両者は大統領が各国代表団の主な人々と会見したレセプションの席上で会ったものである

　　戦勝国である合衆国の大統領が戦いに敗れいま復興しつゝある国民の指導者に直接歓迎の手を差し伸べたのは第二次大戦後始めてのことであった，二人は約五分間なごやかに歓談した

あるアメリカ人は，会見は"非常に愉快"そうに見えたと言い，また吉田首相はトルーマン大統領に対日講和会議を公式に開幕させた大統領の演説を喜んでいる旨告げたと語った，また大統領と吉田首相は握手をした，これについて大統領は再び日本は自由国家の仲間に入れられるべきであり，合衆国は講和会議が速かに成功裏に終ることを期待している旨を繰り返したものと了解されると言った
　さらに同筋は大統領は首相に向い，いまや水に流し忘れ，太平洋に平和を再建するという骨の折れる任務を開始する時期である旨告げたと伝えられると言った

　このように，おなじ会談について報じた記事でも，その描写が異なっているのです。ちなみに，このとき，吉田総理大臣の娘さんである，麻生和子さんがその場におられたそうです。麻生さんによれば，2人は「ほんの挨拶をしただけだ」と述べておられます（鈴木健二『歴代総理，側近の告白－日米「危機」の検証－』〔毎日新聞社，1991年〕，274頁）。そこで，いずれの報道が真実であろうかと思い，いろいろ調べてみたのです。しかし，当時の関係者でご存命の方が少なく，真実はいまなお謎のままです。ですが，いずれにいたしましても，このとき，はじめて，日本の総理大臣と米国の大統領が直接，顔を合わせたということだけは，事実であります。ですので，わたくしは，この吉田・トルーマン会談を第1回目の日米首脳会談と称しております。

(2) 日米首脳会談の変容
　ところで，戦後の日米関係の基本的な枠組みを形成したのは，はじめての実質的な首脳会談となった吉田首相とアイゼンハワー大統領による会談（1954年11月9日）においてであります。その枠組みとは，米国が日本の国際社会への復帰を援助し，一方，日本は東西冷戦のなかで，米国のアジアにおける前進基地としての役割をになうというものでありました。両首脳は反共を基調とする初の日米共同声明を発表し，そのなかで，日本は対米協調姿勢を明確にし，他方で，米国は，対日援助強化を約束しました（『朝日新聞』1954年11月11日，1面）。

このときに形成された路線は，つぎの岸首相とアイゼンハワー大統領との会談（1957年6月19・21日）での岸首相による「国防の基本方針」と「第一次防衛力整備計画」，さらには，"自主的防衛努力"の決意表明（外務省編「特集2 岸総理の米国訪問」『わが外交の近況』〔1957年〕，45頁），そして両首脳の2回目の会談（1960年1月19・20日）における日米新安全保障条約へとつらなっていきます。

岸政権の退陣を受けて登場した池田政権は，「所得倍増計画」をスローガンにかかげます。そして，池田首相のもとで，日本は高度成長時代に突入します。なお，この時期におこなわれた池田・ケネディ会談（1961年6月20・21日）では，「イコール・パートナーシップ」がうたわれ，日米関係は協調の時代に入ったといわれました（『朝日新聞』1961年6月23日，1面）。

この協調関係が結実した例としては，佐藤政権下における小笠原返還および沖縄返還といった"戦後処理"の成果をあげることができます。ですが，他方で，1967年11月14・15両日におこなわれた佐藤首相とリンドン・B・ジョンソン大統領の会談において，日本側は，米国のベトナム政策への支持と東南アジア援助の拡大を表明せざるを得ず，日本は，しだいに，米国のアジア政策の"補完的役割"をおわされることとなりました（外務省編「資料」『わが外交の近況』〔第12号，1968年〕，23−24頁）。

とりわけ，沖縄返還が本ぎまりになった佐藤首相とニクソン大統領との会談（1969年11月19・20・21日）の際に発表された共同声明では，韓国や台湾の安全は，日本にとって重要であることを指摘した条項がもりこまれるなど，極東における日本の防衛責任の強化がいちだんとせまられました（外務省編『わが外交の近況』〔第14号，1970年〕，399−401頁）。

さきほども述べましたように，日本の対米貿易収支が赤字から黒字に転じたのは，佐藤政権下の1965年のことです。そして，1978年には，対米輸出が100億ドルを突破し，1986年には，ついに，500億ドルをこえるまでになりました。それ以降，米国の対日要求は，たんなる輸出制限にとどまらず，日本の産業界の構造是正問題にまで発展していきます。

そうしたなか，首脳会談の場において，経済が中心課題になりだしたのは，日米繊維交渉再開で合意した佐藤・ニクソン会談（1970年10月24日）以降であ

ります。なお，日米繊維交渉の前後に生じた，「ニクソン・ショック」は，日米関係をきわめて険悪なものとしたものの，その後，日米両国は首脳会談をつうじて，その修復につとめました。しかし，1972年8月31日・9月1日の2日間にわたっておこなわれた，田中首相とニクソン大統領との会談では，日本は，輸入促進を約束したにもかかわらず，その1年後には，「石油ショック」が世界をおそい，米国はいちだんと対日圧力をつよめます。

　歴代総理のなかでも，日米間の最大の問題であった，経済摩擦でいちばん頭をなやましたのは，中曽根康弘首相でありましょう。とりわけ，1987年4月30日・5月1日の中曽根首相とロナルド・W・レーガン大統領との会談の際には，東芝機械のココム（対共産圏輸出統制委員会）違反事件が契機となり，中曽根首相の米国滞在中に，連邦議会の下院によって，包括通商法案が圧倒的多数で可決されています。さらに，この時期，FSX（次期支援戦闘機）の問題も未解決のままでありました。しかし，その反面，日米両国は，政治・軍事的にいっそう緊密な関係となりはじめたことにも留意する必要があるでしょう。

　その後，竹下登政権のもとでは，建設市場開放問題や牛肉・オレンジの輸入自由化，また，宇野宗佑政権下では，電気通信市場開放問題などが，日本側の大幅な譲歩によって，決着をみました。さらに，海部俊樹首相とジョージ・H・W・ブッシュ大統領との会談（1990年7月7日）では，はじめてコメ問題が言及されます。また，1992年1月8・9両日におこなわれた，宮沢喜一首相とブッシュ大統領との会談では，1994年度の米国製自動車部品の輸入額をおよそ190億ドルにするとの文言が，「行動計画（アクション・プラン）」にもりこまれました（『朝日新聞』1992年1月10日，5面）。そして，1993年7月6・9日の宮沢首相とビル・クリントン大統領との会談において，SII（日米構造協議）にかわる新経済協議機関の枠組みづくりが焦点になるなど，経済摩擦問題が，日米首脳会談の中心議題となってきたのは否定しがたい事実であります。

　一方，安全保障問題に関しては，1980年5月1日の大平正芳首相とジミー・J・E・カーター大統領との会談で，大平首相が，日米は"共存共苦"せねばならないと発言したのをきっかけに（『朝日新聞』1980年5月2日〔夕〕，1面），つぎの鈴木善幸首相とレーガン大統領による会談（1981年5月7・8日）終了後の共同声明において，はじめて，「日米両国間の同盟関係」が明記され

ました（外務省編『わが外交の近況』〔第26号，1982年〕，465頁）。鈴木首相は，帰国後，この文言は軍事的側面をふくまないと釈明したものの，当然ふくまれるとの立場をとる外務省とのあいだで，大きな軋轢が生じ，当時の伊東正義外相が辞任するという事態にまで発展しました。

　そして，中曽根政権の時代には，レーガン大統領との初会談（1983年1月18・19日）で，中曽根首相が，日米両国は"運命共同体"と発言し（『朝日新聞』1983年1月19日〔夕〕，1面），また，『ワシントン・ポスト』の幹部との朝食会では，"全日本列島を不沈空母に"と述べて（『朝日新聞』1983年1月20日，1面），物議をかもしました（以上の記述は，『朝日新聞』1989年8月27日，2面の記事によっている）。

(3) 日米首脳会談の特質

　つぎに，日米関係の不均衡を示す好例として，日米首脳会談の開催場所に注目したいと思います。

　2009年9月23日，鳩山由紀夫首相とバラク・オバマ大統領による日米首脳会談が，ニューヨークで開催されました。この首脳会談は，1951年9月4日におこなわれた吉田首相とトルーマン大統領の首脳会談（米国のカリフォルニア州サンフランシスコ）から数えて，じつに106回目にあたります（その後，11月13日に，鳩山・オバマ会談が，東京で開催されている）。

　ここで，日米首脳会談の開催場所に注目すると，
　　・ワシントンDC ・・・・・・・・・・・・39回（36.8％）
　　・ワシントン以外の米国の都市 ・・・・・23回（21.7％）
　　・米国，日本以外の国 ・・・・・・・・・28回（26.4％）
　　・日本 ・・・・・・・・・・・・・・・・16回（15.1％）

となっています。この数字から，戦後の106回の首脳会談のうち，62回（58.5％）もの会談が，米国において開かれていることがわかります。

　しかも，日本での16回の日米首脳会談に注目すると，米国大統領が首脳会談そのものを目的として来日したのは，わずか5回（全首脳会談の4.7％）のみです。5回は，東京サミット出席のためであり，3回は葬儀への参列，そして，3回はAPEC（アジア太平洋経済協力会議）関連での訪日ということにな

ります。
　では，つぎに，2000年代にのみ着目してみましょう。2000年代は，28回の首脳会談がもたれておりますが，開催場所は以下のようになっています。
　　・ワシントンDC ・・・・・・・・・・・8回（28.6％）
　　・ワシントン以外の米国の都市 ・・・・・5回（17.9％）
　　・米国，日本以外の国 ・・・・・・・・・9回（32.1％）
　　・日本 ・・・・・・・・・・・・・・・・6回（21.4％）
　2000年代の数字だけをみれば，日本においても比較的，首脳会談が開催されるようになったといえます。しかしながら，来日の目的別にみると，純然たる首脳会談への出席が1回，サミット出席が2回，葬儀への参列が1回，APEC関連の訪日が2回となっており，依然として日本の「米国追随外交」の感がぬぐえません。
　日本での第1回目の日米首脳会談は，1974年11月19日・20日です。このときは，ジェラルド・R・フォード大統領が来日しました。しかし，実は，これ以前に，日本での"幻"の日米首脳会談とでもよぶべきものがあったのです。それは，1960年に予定されていた，アイゼンハワー大統領の来日です。この年の1月に，ワシントンで日米新安全保障条約が締結され，同年6月の条約発効にあわせて，同大統領が訪日するということが，政治スケジュールにのぼっていました。しかし，6月と申しますと，国会周辺は安保改定反対を唱える人々が連日，デモ行進をおこない，とても緊迫した雰囲気でありました。現に，アイゼンハワー来日のための下見にきた，ジェームズ・ハガチー大統領新聞係秘書は飛行機から降りたち，車に乗りこんだものの，デモ隊にとりかこまれ，結局，ヘリコプターで米国大使館に移動したほどだったのです。そのようななかで，当時の岸首相は，大統領の身の安全を保証できないので，今回の訪日はご遠慮くださいと，アイゼンハワーの来日をお断りしました。これが，1960年に予定されていた日米首脳会談を"幻"とよんだゆえんであります。その後，とうとう14年ものあいだ，米国大統領が日本の土をふむことはありませんでした。1974年になってようやく，米国の大統領が歴史上，はじめて日本を訪問したわけです。ちなみに，この1974年の首脳会談は，吉田・トルーマンの第1回会談から数えますと，16回目にあたります。

ちょうどこのとき，日本では，田中首相の金脈問題が話題となっており，フォード大統領の訪日を待って，田中首相は辞意を表明しました。田中首相までの歴代総理をみていると，たいていある大きな政治課題などを達成し，それを花道に総理大臣をやめるというパターンが多かったのです。たとえば，岸首相は，念願の安保改定をやってのけてから，退陣しましたし，佐藤首相は，沖縄返還を達成して，職を辞しました。かつては，このように"首相花道論"とでもいうべきものがありました。しかし，最近の首相は，花道がないうちにどんどんやめていき，前任の総理大臣がいったいだれであったのか，簡単には，思いだせないといったような状況になっています。こうした傾向は，とりわけ，リクルート事件を契機に退陣を表明した竹下政権以降，顕著であるような気がしてなりません。

さて，話をもとにもどしましょう。つぎに，10年ごとのスパンで日米首脳会談の回数をみてみると，

　・1950年代・・・・・・・3回　（前半：2回，後半：1回）
　・1960年代・・・・・・・6回　（前半：3回，後半：3回）
　・1970年代・・・・・・・15回　（前半：7回，後半：8回）
　・1980年代・・・・・・・24回　（前半：9回，後半：15回）
　・1990年代・・・・・・・30回　（前半：15回，後半：15回）
　・2000年代・・・・・・・28回　（前半：16回，後半：12回）

となっています。

これらの数字からも明らかなように，1980年代後半以降，日米首脳会談の実施回数は大幅に増加しています。これらの数値の増加は，日米経済摩擦の激化と軌を一にしているとみてよいでしょう。

つぎに，1年ごとの首脳会談の実施回数に注目してみます。

　　・5回・・・・・・・1996年
　　・4回・・・・・・・1989年，1993年，2000年，2001年，2007年
　　・3回・・・・・・・1974年，1983年，1985年，1987年，1988年，1990年，
　　　　　　　　　　　1992年，1994年，1997年，1998年，2002年，2004年，
　　　　　　　　　　　2009年

日米間で争点が浮上した場合，もちろんその年のみ（1年間）で問題が終結

するというわけではありません。ですが、1年のうちに首脳会談が数多くおこなわれているというのは、それなりの理由があったはずです。つまり、1987年から1990年までは、とりわけ経済摩擦が激化したために、日米首脳会談の実施回数が多かったわけです。このように、日米首脳会談の開催年は、両国間において、経済摩擦が激化した時期と符合しているのです。

　ここで、若干、視点を変えて、これまでの首脳会談に出席した日米両国の首脳の人数をあげておくと、日本側は25名で、他方の米国側は13名となっています。このうち、もっとも多く首脳会談に出席した日米両国の首脳は、日本側では、小泉純一郎首相で、13回となっています（つぎが、中曽根首相の12回）。他方の米国側は、ビル・クリントン大統領の26回が最多であり、これに、ジョージ・W・ブッシュ Jr. 大統領の21回がつづきます。もっとも、いずれの首脳のときの日米首脳会談の回数が多いかに関しては、政権を維持した年月や就任時の年代背景のちがいなどがあるため、一概にこの数字だけをもって、首脳会談の特徴を論じることはできません。ですが、ただ1つ留意したいのは、日本側で最多の回数をほこる小泉政権時の米国側のカウンターパートは、ブッシュ大統領ただ1人であったのに対して、米国側で首脳会談にのぞんだ回数のもっとも多いクリントン大統領の日本側カウンターパートは、じつに6名にもおよんでいるという点です。実際に、クリントン大統領とのあいだで日米首脳会談をおこなってはいないものの、クリントン政権時には、羽田孜内閣も存在したことを考えあわせると、クリントン政権期に日本側の首相は7名もいたことがわかります。しかも、さきに述べましたように、これまで首脳会談に出席した首脳の数は、日本側25名、米国側12名ですが、日本側では、羽田首相のように、日米首脳会談をおこなっていない首相（鳩山一郎首相、石橋湛山首相）もいます。ということは、1951年9月以降、日本側の首相は28名いたのに対して、米国側大統領はわずか12名しかいなかったということになります。これは、米国の大統領とくらべて、いかに日本の首相の政権基盤が脆弱であるかを端的に示しているといえましょう。

　ここで、戦後の日米関係を考える際、かならずといっていいほど、登場した「外圧」ということばについてふれておきたいと思います。「外圧」は、争点によって、つぎの4つのタイプに分類することができます。

①輸出自主規制をもとめる圧力
②市場開放をもとめる圧力
③貿易黒字の縮小をもとめる圧力
④構造変革をもとめる圧力

　これらの「外圧」が，依然として消滅しない最大の理由として，安全保障面における「日米大従属システム」に注目しなければなりません。これは，日米関係にくわしい原彬久・東京国際大学教授によるアイディアであり，日本が日米安全保障条約によって"保護"されているために，米国の存在なくしては日本の安全保障を守ることができないという発想におちいってしまっていることをさしています（原彬久『日米関係の構図－安保改定を検証する－』〔日本放送出版協会，1991年〕を参照のこと）。くわえて，こうしたシステムの維持を可能としている背景には，軍事的な側面が，高次元（ハイ・ポリティクス）の問題であって，低次元（ロー・ポリティクス）の経済問題を犠牲にするのは仕方がないという発想があります。このことも，戦後日米関係を考える際の重要な一側面であります。

4．結び

　以上，「日米同盟関係の新展開」を考えるうえで重要となる，戦後の日米関係の推移をみてきました。

　最後に，簡単に，鳩山首相の対米観の一端を紹介したいと思います。第45回総選挙の折りに提示された民主党のマニフェスト（政権公約）「Manifesto 2009」には，「緊密で対等な日米関係を築く」としたうえで，「日本外交の基盤として緊密で対等な日米同盟関係をつくるため，主体的な外交戦略を構築した上で，米国と役割を分担しながら日本の責任を積極的に果たす」「米国との間で自由貿易協定（FTA）の交渉を促進し，貿易・投資の自由化を進める。その際，食の安全・安定供給，食料自給率の向上，国内農業・農村の振興などを損なうことは行わない」「日米地位協定の改定を提起し，米軍再編や在日米軍基地のあり方についても見直しの方向で臨む」との文言が記されていました。

くわえて，総選挙をまえに，鳩山首相が刊行した論文のなかでも，「日米安保体制は，今後も日本外交の基軸でありつづけるし，それは紛れもなく重要な日本外交の柱である」と明記されています（鳩山由紀夫「私の政治哲学－祖父・一郎に学んだ『友愛』という戦いの旗印－」『Voice』〔第381号，2009年9月〕，139頁）。

　この文脈で，鳩山首相は，2009年9月23日のオバマ大統領との会談において，「自分の内閣でも日米同盟を日本外交の基軸として重視していく考えを伝達」したわけですし，「日米安保体制はアジア太平洋地域の平和と安定の礎であり，日米安保を巡るいかなる問題も日米同盟の基盤を強化するかたちで，緊密に協力したい」「日米同盟を基軸としつつ，アジア諸国との信頼関係の強化と地域協力を促進していく」と述べたわけです（http://www.mofa.go.jp/mofaj/area/usa/visit/0909_sk.html〔2009年9月25日〕）。

　ですが，かつて，鳩山首相が発表した論文では，「過去五十年間の日米関係は主従関係でありつづけてきました。日米同盟は今後予見しうる将来にわたって維持すべきです。自立と孤立を混同してはなりません。しかし，同盟のマネジメントはより対等で自立したものに進化させるべきです。新ガイドラインの実効性を高めるなど，日本が果たす役割はある意味でいま以上のものになっていきますが，その一方で，両国の外交安保戦略の策定においては日本の声がもっと反映されるようにすべきです。また，在日米軍基地の整理・縮小や財政的接受国支援の抜本的削減，日米地位協定の改定など『平成の条約改正』を求めていくべきだと思います」と断じています（鳩山由紀夫「『自立』『責任』『共生』」『Voice』〔第277号，2001年1月〕），148頁）。ということは，現在，問題となっている普天間飛行場の移設問題においても，鳩山首相が，強力なリーダーシップを発揮して，米国側との交渉にあたってくださることと思われます。

　時間がまいりましたようですので，質疑・応答で，不十分な部分を補強したいと思います。

〈質疑・応答〉

〈質　問〉
　鳩山首相が提唱する東アジア共同体構想では，米国を締めだすような気配ですが，大丈夫なのでしょうか？
〈回　答〉
　「結び」の部分で紹介しましたように，先月23日のオバマ大統領との会談の席で，鳩山首相は，「日米同盟を基軸としつつ，アジア諸国との信頼関係の強化と地域協力を促進していく」と述べておられます。ですので，鳩山さんとしても，米国を完全に締めだすわけではないというメッセージをオバマさんに伝えているわけです。したがいまして，米国側が，すぐに，この構想に反対を表明するということはないと思われます。

〈質　問〉
　首脳会談というのは，セレモニー的な部分があると思われます。それで，うかがいたいのは，事務方の会議はどの程度やっているのでしょうか？
〈回　答〉
　おっしゃるように，首脳会談は，セレモニー（儀礼）的な要素がつよいといわれます。これは，首脳同士の会談が険悪な雰囲気になるのをさけるためです。と同時にまた，その前段階として，事務レベルでの交渉がつみかさねられています。事務レベルでの交渉回数は，一概にいうことはできません。と申しますのも，その時点での日米関係の懸案事項の内容によっても，ちがってくるからです。
　若干，話はそれますが，首脳会談がセレモニーだけかと申しますと，そうともいいきれません。もちろん，そうした色彩がつよいのはいうまでもありません。しかしたとえば，沖縄返還など，きわめて政治的な問題に関しては，いくら事務レベルでの交渉をつみかさねても，簡単に結論にはいたりません。そこで，最終的に，首脳同士の話し合いによって，決着をつけたというわけです。もっとも，沖縄返還に関しては，1969年11月19日の佐藤・ニクソン会談の折り

に，沖縄への核兵器もちこみを容認するという"密約"が，首脳間でかわされることとなりましたが……。

〈質　問〉
　わたしは，かねがね，在日米軍ということばに違和感を覚えております。「在日」という場合，これは，日本を占領しているのか，それともたんに駐留しているだけなのか。どちらなのでありましょうか？

〈回　答〉
　なかなか，難しいご質問ですね。直接のお答えになっていないかもしれませんが，さきほど，1978年度から，「思いやり予算」がスタートしたと申し上げました。ということは，日本側が，米国に対して，「思いやり」をみせなければならないという時点で，当時の自民党の一部では，米軍に駐留していただいているという発想があったといえるのではないでしょうか。もっとも，このころ，日米間では，経済摩擦が問題となりはじめ，米国側から，「バードン・シェアリング（責任分担）」をもとめる声がつよまっており，それに対応したということにも留意する必要があります。

〈質　問〉
　日米同盟ということばを先生は，どうお考えになりますか？

〈回　答〉
　さきほど申しましたように，このことば－「日米両国間の同盟関係」－が，はじめて日米間の共同声明に記されたのは，1981年5月7・8日の鈴木・レーガン会談の折りです。そのとき，日本国内では，このことばに対するアレルギーがつよく，社会党などを中心に，反発がわきおこりました。そして，このことばに軍事的側面をふくむのかふくまないのかといったことが問題となり，当時の伊東外相が辞任するといった事態にいたりました。それほど，当時は，野党，とくに社会党も元気であったということですね。

　そして，それ以降，中曽根政権が誕生してからは，このことばは，ふつうにつかわれるようになってきました。あくまでも，政権側としては，意図的に，このことばをもちいることで，日米関係をさらなる段階にたかめていこうと考

えていたのだと思われます。その結果，1996年の「日米安保共同宣言」や，その後の新ガイドライン，周辺事態法へと発展していったのではないでしょうか。

〈質　　問〉
　武器輸出三原則の緩和の背後には，日本の軍需産業があるように思いますが，先生はいかがお考えでしょうか？
〈回　　答〉
　おっしゃるとおりではないでしょうか。ご存知でない方のために申し上げておきますと，武器輸出三原則とは，①共産圏諸国向けの場合，②国連決議により武器等の輸出が禁止されている国向けの場合，③国際紛争の当事国又はそのおそれのある国向けの場合には，武器輸出を認めないという政策のことをいいます。これは，1967年4月21日に，当時の佐藤首相が，衆議院決算委員会の場で，表明した考え方です。

〈質　　問〉
　鳩山政権の対米人脈はとぼしいのではないか，非常に心配をしておるのですが，いかがでしょうか？
〈回　　答〉
　日本の民主党政権は，米国における人脈が少ないとよくいわれます。ですが，鳩山首相自身，スタンフォード大学に留学した経験をもっていますし，民主党議員のなかには，官僚出身者もたくさんおられます。この方たちは，米国にそれなりの人脈を構築されているようです。くわえて，民主党のブレーンとよばれる方々の人脈もあります。
　自民党政権下の日本では，米国の共和党政権とはつよい人脈があるものの，民主党政権とはあまりつよい人脈がないといわれてきました。そうであるならば，日本においても政権が交代したことですし，これを契機に，これまでつよくなかったといわれる，米民主党政権とのパイプを構築していけばよいのではないでしょうか。

〈質　　問〉

　米国の関心は，日本よりも中国にシフトしていっているように思われます。その点，先生はどうお考えでしょうか。

〈回　　答〉

　米国にとって，経済成長をつづける中国は，きわめて魅力的な市場であることはまちがいありません。したがって，米国が中国にシフトし，日本をみすてるのではないかとの声も聞かれます。ですが，中国の政治体制は，あくまでも，共産主義です。ながきにわたった冷戦をみても明らかなように，米国では，共産主義に対する嫌悪感があります。したがって，中国へのシフトといっても，限界があると思われます。もちろん，中国の政治体制が変わるようなことがあれば，話はべつですが……。

〔付記〕

　講演から今日までの情勢をふまえて，鳩山政権下の日米関係に関して，簡単にふれておきたいと思います。

　今年（2010年）は，1960年1月19日に，米国の首都ワシントンDCで，岸首相が，日米新安全保障条約を調印してから，50年という節目の年にあたります。そのため，日米間では，2009年11月13日の鳩山・オバマ会談後の共同記者会見の場においても，「日米安保50周年は，我々が何を成し遂げてきたかを一歩離れて熟考し，我々の友情を祝うだけではなく，21世紀に向けて同盟を更新し，活気づける方途を探す重要な機会を提供する」との発言が，オバマ大統領によってなされました（http://www.kantei.go.jp/jp/hatoyama/statement/200911/13usa_kaiken.html〔2010年2月7日〕）。また，鳩山首相も，「日本国とアメリカ合衆国との間の相互協力及び安全保障条約（日米安保条約）の署名50周年に当たっての内閣総理大臣の談話」（2010年1月19日）のなかで，「私は50周年を記念する年に当たり，日米安保体制を中核とする日米同盟を21世紀にふさわしい形で深化させるべく，米国政府と共同作業を行い，年内に国民の皆様にその成果を示したいと考えます」と述べています（http://www.kantei.go.jp/jp/hatoyama/statement/201001/19danwa.html〔2010年2月7日〕）。

　こうした日米間の「同盟の深化」がはかられるなか，普天間飛行場の移設問題をめぐっては，鳩山政権内で迷走がつづいています。たとえば，平野博文官房長官は，2009年10月19日の記者会見の席上，「民意の反映として名護市長選がある」と語

っていたものの，(『朝日新聞』2009年10月19日〔夕〕，6面)，実際に，名護市長選挙で，移設反対派の稲嶺進候補が当選をきめた翌日（2010年1月25日）には，「一つの民意としてあるのだろうが，そのことも斟酌（しんしゃく）してやらなければいけないという理由はない」と応じ，反発をかうかたちとなりました（『朝日新聞』2010年1月26日〔夕〕，1面）。

　鳩山政権下では，「地域主権」の確立を「鳩山内閣の一丁目一番地」にかかげておきながら，普天間の移設問題では，このように，地元の人たちの感情を逆なでするような発言がみられるなど，内閣としての方向性がまったくみえてこない状態にあります。これはいうまでもなく，鳩山首相自身が，この問題をどのようなかたちで解決したいのかについての具体策をいっさい示さないことによって生じているといっても過言ではないでしょう。この問題に関して，鳩山首相は，初の施政方針演説（1月29日）において，「政府として本年五月末までに具体的な移設先を決定することといたします」と明言しました。普天間飛行場の騒音や危険ととなりあわせで生活している人たちのためにも，鳩山首相は，リーダーシップを発揮し，この問題を一刻もはやく解決すべきであろうと考えます。

第4章

女性の政治参加の課題

（濱賀　祐子）

1．はじめに―2005年，2009年の衆院選を振り返って

　2009年8月30日に行われた第45回衆議院議員総選挙では，民主党が308議席を得て圧勝し，政権交代となりました。当初から民主党優勢とされた選挙戦で話題になったのは，与党自民・公明両党の大物議員と民主党の女性新人候補が事実上一騎打ちとなった選挙区でした。彼女たちは，与党有力議員に地盤や知名度などで劣りながらも，新鮮さや清潔さを前面に打ち出して，次々に当選を果たしたのです。

　今回の総選挙の結果，女性衆院議員は過去最多の54人となり，11.3％となりました。女性議員の占める割合が1割を超えたのは，戦後初めてのことです。

　戦後第1回の総選挙は，女性参政権が実現して最初の選挙でした。それは，大選挙区制限連記制で実施され，全国で39人（8.4％）の女性議員が当選しました。しかしその後，中選挙区単記制の下で，女性議員の割合はわずか1％台と低迷を続けます。それが，1990年代に入り，ようやく増加傾向を見せ始めました。1996年に小選挙区比例代表並立制が導入され，2005年の総選挙では43人（9.0％）が当選し，それまでの記録を破りました。今回は，この記録を更新するものです。

　最近の総選挙では，女性候補者が注目を集めています。2005年総選挙で，自民党は，小泉首相の進めた郵政民営化に反対した現職議員の公認を取り消し，その選挙区に対抗馬として多様な分野から女性候補を擁立しました。彼女たち

は、「小泉チルドレン」、「女性刺客」などと呼ばれました。自民党は、比例区に「女性枠」を作って女性候補を優遇したこともあり、女性衆院議員が9人から26人へと急増しました。

一方、2009年総選挙では、民主党の選挙実務を取り仕切った小沢一郎代表代行（現幹事長）が女性候補を積極的に擁立し、「小沢ガールズ」と称される女性議員が多数誕生しました。この選挙の結果、民主党では女性衆院議員が公示前の9人から一挙に40人に増え、自民党では一転して26人から8人に減りました。

近年、わが国では、女性の政界進出が進んでいると言えます。しかしそれは、これまで少なかった女性議員を増やそうという意図で進められているというよりも、選挙の話題づくりの面があったことは否めません。事実、自民党は比例区の「女性枠」を継続しておらず、今のところ、その時限りの登用でしかなかったようです。この点について、政治学者の岩本美砂子教授は、「1回限りの"殿の気まぐれ"」であったと述べています（岩本美砂子「マニフェストと、女性にとっての総選挙」『女性展望』〔市川房枝記念会出版部〕、2009年9月号、10頁）。民主党でも、女性候補の擁立について党則で定めたわけではないので、必ずしも今の傾向が続くとは限りません。

人口の男女比がほぼ半々とすると、わが国では、意思決定の場は明らかに男性中心の構成となっていました。ここにどのような問題があるのか、また、女性議員が増えることの意義、方法などについて、考えてみたいと思います。

なお、公開講座のタイトルである「政治参加」とは、一般に、選挙への投票参加の他、選挙運動、地域・住民運動、政治家・官僚との接触などを含みます。本日は、国政レベルでの「女性の政治進出」という観点から、女性の政治参加の現状と課題についてお話をさせて頂きます。

2．国際的潮流と日本政府の取り組み

(1) **女性議員が増える意義**

多くの国において、選挙で選出される国会議員には性別の偏りがあり、女性

が過少代表となってきました。男性中心の議会の場合，審議には男性の視点が自ずと反映されますが，女性の視点は欠落したり軽視される恐れがあります。場合によっては，女性の権利や利益に関わる政策が，理解のない男性議員によって決められたり，女性に不利益な政策が，改善されずに放置されるかもしれません。しかし，女性が政策決定の場に進出すると，女性のニーズを踏まえて，従来の政策の優先順位に変化をもたらす可能性が出てきます。

　もちろん，現実には女性議員の割合が増えるだけでは不十分で，彼女たちがどのような価値観をもち，どの程度立法過程に参加できているかを見る必要があります。ただし少なくとも，それまでの政治のプロセスに新しい見方が持ち込まれることは期待できます。一例として，米国12州の調査によれば，議会の女性比率が高くなるほど，議会は保育，教育，健康など人的サービス関係の政策分野に深く関わるようになり，男性が多数を占めていた時よりも，これらの問題への関心が議員間で共有される傾向が明らかになっています（相内眞子「アメリカにおける女性の政治参加に関する研究動向」川人貞史・山元一編著『政治参画とジェンダー』〔東北大学出版会，2007年〕，166－167頁）。

　この他に，女性議員が増えることは，次世代のロール・モデルとなり，政治は男女双方が担うものだと示すことにもなるでしょう。

　国連女性の地位委員会は，女性政策の振興について，大統領や首相，議員など，国の方針を決定し実行する立場にある人の意思が，決定的な役割を果たすと指摘しています。つまり，女性政策の重要性を理解した政治家が一人でも多く誕生することが必要なのです。

(2) 諸外国の事例

　わが国では，女性の方が有権者数が多く，投票率も高かった（2009年の総選挙ではわずかに女性が下回った。詳しくは「第45回総選挙特集」『女性展望』2009年10月号，4頁）のです。だが，公的な意思決定への参加の面では極端に低いのが特徴です。ここで，資料をご覧下さい（93頁〈表1〉を参照）。

　まず，国会議員の国際比較を見ていきます。「列国議会同盟」（IPU：Inter-Parliamentary Union）のランキングによると，下院または一院制議会における女性割合が最も高いのはルワンダで，56.3％に達しています。2位はスウェー

デンで47.0%です。両国は，世界の女性国会議員比率の平均である18.5%を大きく上回っています。

ルワンダは，憲法で国会議員の3割を女性とするよう規定しています。スウェーデンは，主要政党が自発的に比例選挙で名簿順位を男女交互にすることで，議員が一方の性別に偏らないようにしています。このように，近年では，世界の約80カ国で，法律または主要政党の内規により，女性議員の増加を目的としたクウォータ制（候補者割当制）が導入されています（岩本美砂子「クウォータ制が論じられない日本の政治の不思議」川人・山元編著，前掲書，177頁）。

一方，日本は今回の総選挙で女性議員比率が11.3%となり，ランキングは119位です。総選挙前は45人（9.4%）で136位でした。なお，日本には，クウォータ制のような仕組みはありません。

次に，HDI，GEM，GGIという3つの指標を見て下さい（94頁〈表2〉を参照）。ここに出てくる「ジェンダー」とは，「男はこうあるべき」，「女はこうあるべき」などといった，社会的・文化的に作り上げられてきた性差を意味し，生物学的な性別とは異なるものです。①HDI（人間開発指数）は，健康で人間らしい生活が送れるかを，平均寿命，教育水準，国民所得から算出したもので，日本は179カ国中8位でした。②GEM（ジェンダー・エンパワーメント指数）は，女性が政治活動および経済活動に参加し，意思決定に参加できるかどうかを測るもので，女性の所得，専門職・技術職・行政職・管理職に占める女性の割合および国会議員に占める女性の割合から算出します。日本は108カ国中58位でした。③GGI（ジェンダー・ギャップ指数）は，経済，教育，政治および保健分野のデータに基づき，各国内の男女間の格差を数値化したもので，1に近づくほど完全平等を意味します。日本は，130カ国中98位でした。

以上のことを，政治学者であり，小泉内閣で少子化・男女共同参画担当大臣も務めた猪口邦子氏の言葉を借りてまとめれば，次のようになります。すなわち，わが国は，国民一人当たりの国民総生産（GDP）で世界のトップ20に入る経済大国であり，長寿大国でもあるけれども，ジェンダー平等は大きく遅れており，民主主義先進国の中では最低の水準だということです（猪口邦子「ジェンダー平等のための政治的リーダーシップ」辻村みよ子・戸澤英典・西谷祐子

編著『世界のジェンダー平等』〔東北大学出版会，2008年〕，325頁）。

　ところで，今年9月に行われたノルウェーの総選挙では，女性議員が2人増えて66人となり，女性議員比率は39.1％になりました。女性と政治の問題に詳しい三井マリ子氏によると，この国のほとんどの政党は，一方の性が40％を下回らないようにするクウォータ制を導入しており，主要7政党のうち4党の党首は女性であり，閣僚も男女がほぼ半々です。それでも，同国の「男女平等・差別撤廃オンブッド」は，39.1％という比率ではまだ不十分であるとし，特に60歳以上の女性議員，ハンディを持つ女性議員，異民族の女性議員をもっと増やすべきだと指摘しているのです（http://www.news.janjan.jp/world/0909/0909170335/1.php）。

　政治学者の渡辺治教授は，わが国の現状に次のような疑問を投げかけています。「ある個人が，そのどちらかの集団に属するかによって差別的扱いをすることは法によって明示的に禁止されているにもかかわらず，政治への直接的関与では両集団間で顕著な差がある。民主政として，はなはだ問題ではないだろうか。これが2つの民族集団であったら，直ちに暴動や独立運動が発生してもおかしくあるまい。驚くべき事態が，概ね平穏に継続しているのである。一体，何故だろうか。何故，このようなことが起き，かつ継続しているのだろうか」（渡辺治「序論 - なぜ『性』か。なぜ今か。」日本政治学会編『「性」と政治』〔岩波書店，2003年〕，7頁）。

(3)　国際的潮流と日本政府の取り組み

　国連は，各国の男女平等政策の推進に大きな貢献を果たしてきました。わが国の女性に関する諸政策は，国連の動きと連動しています。そこで，国際的潮流を踏まえて，日本政府の取り組みを振り返ってみたいと思います。

　国連は，女性の地位向上を目的として，1975年に第1回世界女性会議（メキシコ会議）を開催し，初めて女性問題の集中討議を行いました。そして，翌年から1985年までを「国連婦人の10年」と宣言しました。この宣言は，男女平等達成のための国家の責任および家庭における男性の責任を強調しています。同時に，「世界行動計画」が採択され，目標達成のための国内，国際両面の行動指針が示されました。これを受けて，わが国では，三木首相を本部長とする

「婦人問題企画推進本部」が設置され，1977年に「国内行動計画」が策定されました。国会では，女性参院議員が中心となって，超党派で「国連婦人の10年推進議員連盟」が設立されました。

1979年には，国連総会で，「婦人に対するあらゆる形態の差別撤廃に関する条約」（女性差別撤廃条約，以下，条約と略す）が，日本を含む130カ国の賛成により採択されました。この条約は，男女の権利の平等を促進するための国際条約，決議，宣言，勧告などにもかかわらず，依然として女性に対する差別が広範に存在しているとの認識の下，締約国が，女性差別となる既存の法律，規則，慣習および慣行を修正または廃止するための措置を遅滞なくとることとしています。国連は，「国連婦人の10年」の最終年にあたる1985年までに各国が条約を批准することを目標とし，具体的に雇用や国籍の平等法の確立を求めました。わが国では当初，政府与党が条約批准に消極的であったものの，女性団体などからの熱心な働きかけもあって批准署名を行い，必要な国内法整備にとりかかりました。

日本政府の課題は，男女雇用機会均等法（以下，均等法と略す）の制定と国籍法の改正でした。まず，雇用の分野では，従来，募集，採用，配置，昇進，定年など雇用全般にわたって男女異なる取り扱いをする慣行が根強く，生涯賃金の男女格差を生んでいました。雇用差別を受けた女性労働者や，女性労働問題を所管する労働省婦人少年局（当時），そして女性運動家らにとって，均等法の制定は悲願とも言えるものでした。しかし，多くの企業は，女性労働者を結婚や出産に伴い退職する補助的な安い労働力と位置づけていたため，均等法制定によるコスト高を懸念して強く反発しました。わが国の女性労働者の地位の低さは，長時間労働と並んで，不当に国際競争力を強める雇用慣行だとして，欧米各国から批判されたほどです。一方，政府においては，退職した女性が家庭で育児や介護に専念することにより，結果的に社会保障の公的負担を軽減することができていました。つまり，「男は仕事，女は家庭」という性別役割分業の考えのもとに，社会の様々な制度が成り立っていたのです。

このような慣行を支持・容認する保守的な議員も多く，均等法制定のために奔走したのは主に野党の女性議員や「労働族」議員で，与党では労働省（現厚生労働省）出身議員などに限られました。ちなみに，1983年末の総選挙で，衆

院議員511人中，女性は8人（1.6%），参院は同年6月の選挙の結果，定数252人中，女性は18人（7.1%）しかおらず，特に自民党では，1980年総選挙から1993年総選挙まで，女性の衆院議員が1人もいませんでした。こうした中で，最終的に均等法は成立したものの，募集，採用など雇用差別の肝心の部分は企業の努力義務とされました。この"不完全だが，やむを得ない法律"は，その後改正，強化されることになります。この点については，後に詳しく述べます（詳しくは，拙稿「婦人労働政策の政治過程」『法学ジャーナル』第14号，1999年を参照）。

次に，国籍法改正です。わが国では，国籍法による日本国籍の継承が，父親が日本人の場合のみ認められ，母親が日本人の場合には認められないという父系優先主義になっていました。法務省の見解は一貫して，国籍法は憲法違反ではないというものでした。しかし，社会党（当時）の土井たか子衆院議員らは，これが両性の平等に反するばかりでなく，戦後の沖縄における無国籍児の問題を生んでいるとして，7年間にわたり改正に取り組んでいました。条約が国籍の取得に関して男女差を設けるのはおかしいと明瞭に指摘していたこともあり，条約批准に合わせて国籍法が改正され，父母両系になりました。土井氏にとって，国籍法改正は36年間の国会活動の中で一番嬉しかったことであり，国際結婚する人，した人に，とても有意義なものであったと述懐しています（「刺客とあのときのマドンナは全然違います」『週刊朝日』2005年10月14日号，136－139頁）。

この他にも，条約批准を契機として，全国の中学および高校で家庭科が男女共修化されることになりました。それまでは，女子のみが家庭科を履修することになっており，参院議員の市川房枝氏らを中心に男女共修を求める活動が進められていました。

こうしてわが国では，1985年6月に条約の締結が国会で承認され発効しました。翌月の第3回世界女性会議（ナイロビ会議）には，自民党参院議員の森山真弓外務政務次官が日本政府首席代表として出席し，「山の動く日来たる」と演説しました。2009年7月現在，同条約の締結国は186カ国に及びます。批准国は，条約の履行状況の報告書を定期的に国連に提出し，23名の専門家からなる委員会により審査と勧告を受けます。

その後の国際的な潮流としては、1993年の国連ウィーン人権会議において「女性の権利は人権である」との宣言がなされ、1995年の第4回世界女性会議（北京会議）では、あらゆる意思決定機関への最低30％の女性の参加や、DV（家庭内暴力）を含む性暴力からの自由など、12の重点分野が具体的に挙げられ、各国に一層の取り組みを求めました。北京会議にはわが国から5,000人もの参加者があり、女性政策推進の気運は国内外で大きな高まりを見せました。このように、女性政策の進展にとって、国際的潮流は極めて重要なものであり、同時に、女性議員や女性団体の熱意ある行動が不可欠だったと言えます。
　一方、この頃、国内政治は大きく揺れ動いていました。1993年の総選挙で自民党が過半数を割り、38年間に及んだ一党支配体制に終止符を打って下野したのです。しかし、自民党は翌年、社会党および新党さきがけとともに、社会党首班の村山連立内閣を発足させ、わずか1年余りで与党への復帰を果たしました。このような中で、女性政策にはどのような進展があったのかを、次に見ていきたいと思います。

3．女性議員と立法事例

(1) 雇用機会均等法の改正

　1985年の均等法は、雇用平等のための一律の法規制を避け、各企業の努力に多くを委ねたことから、"ザル法"との批判がありました。その一方で、労働基準法の女子保護規定が雇用平等の観点から見直され、女性の時間外労働規制が緩和されました。
　1990年代に入ると、仕事と育児の両立を支援する「育児休業法」の制定と、同法を改正した「育児・介護休業法」の施行があり、男女労働者は育児や介護の休暇を一定期間取得できることになりました。しかし、休暇取得者の大半は女性で、女性が家族責任を担う状態は変わりませんでした。「男は仕事」は変わらぬまま、「女は家庭も仕事も」となっていたのです。
　均等法の制定による影響で最も顕著だったのは、「コース別人事」の広がりでした。それは、社員を「総合職コース」と「一般職コース」に分け、後者は

配置転換をしない代わりに低賃金に抑え，勤続年数を重ねても昇進の可能性が低いというもので，ここに配属されるのは圧倒的に女性でした。

　また，女子学生の就職難や，既婚女性への肩たたきなど，経済情勢の悪化を受けて雇用上の様々な問題も起き，行政への相談件数は1994年の1年間で1万9,000件余りに達しました。雇用差別を受けた場合の救済措置として，均等法には調停制度が設けられていたものの，調停には事業主の同意が必要とされたため，制度の利用は10年間でわずか1件しかありませんでした。

　このように，均等法による雇用平等の達成には明らかに限界があり，1997年に法律が改正，強化されました。この結果，それまで企業の努力義務だった募集，採用，配置，昇進の差別が禁止され，罰則は設けないものの規定に従わない企業名を公表する制裁措置が設けられました。また，職場のセクシャル・ハラスメントの防止策についての規定が設けられるなど，一定の前進がみられました。なお，同時に行われた労基法改正により，女性の深夜労働，残業および休日労働の制限が撤廃され，"男性並み"にされました。

　均等法改正には，当時の政治状況の影響がうかがえます。法改正の議論が進んでいた時期は，村山連立内閣から自民党（橋本龍太郎総裁）首班の橋本内閣に政権が移り，社民党（土井たか子党首）と新党さきがけ（堂本暁子座長）が閣外協力をして政権を支えていました。3党は，橋本内閣発足時に政策合意書を作り，この中に，社民党と新党さきがけの要望であった「均等法の強化」と「女性に関する基本法の成立」を政策課題に盛り込みました。均等法の強化により雇用差別がなくなったわけでは決してありませんが，しかし，少なくとも3党合意は，国連世界女性会議の流れとともに，自民党に女性政策の推進を促す力となったのです（拙稿「男女共同参画社会の歩みと今後の課題」『ポリティーク』第6号〔2004年3月〕，6－7頁）。

(2) 男女共同参画社会基本法

　既に述べたとおり，1975年に，首相を本部長とする「婦人問題企画推進本部」が設立され，その後「国内行動計画」が数年おきに改定されています。1991年の「西暦2000年に向けての新国内行動計画」では，「21世紀の社会は，あらゆる分野へ男女が平等に共同して参画することが不可欠である」との基本認識

が示されました。この時初めて，政府の文書に「男女共同参画」という用語が登場しました。これは，gender equality と英訳されるように，実際には「男女平等」を意味するものですが，「平等」という言葉に対する一種のアレルギー反応を予想して「参画」にしたといわれます（大沢真理・上野千鶴子「男女共同参画基本法のめざすもの」上野千鶴子編著『ラディカルに語れば……』〔平凡社，2001年〕，19頁）。

　北京会議を控えた1994年には，総理府（現在の内閣府の前身）に，首相の諮問機関である男女共同参画審議会と大臣官房男女共同参画室が設置され，首相を本部長，内閣官房長官を副本部長，閣僚全員を本部員とする「男女共同参画推進本部」も組織されました。このようにして，男女平等を推進するための国の体制が整備されてきたのです。

　その後，男女共同参画社会を形成するための法的基盤を確立することになり，男女有識者による審議が行われました。そして，「基本的な法律について速やかに検討する」という文言を盛り込んだ答申がまとめられました。そこではさらに，①人権の確立，②政策・方針決定過程への参画による民主主義の成熟，③社会的・文化的に形成された性別（ジェンダー）に敏感な視点の定着と深化，④新たな価値の創造，⑤地域社会への貢献という5つの理念が提示されました。これに沿って，男女共同参画社会基本法（以下，基本法と略す）が制定されることになったのです。もちろん，自社さ3党の政策合意に「基本法の成立」が盛り込まれたことは，大きな後押しとなりました。なお，審議会メンバーの大半が，戦後の女性解放の時代を生きてきた人々であり，それまでの思いの丈を審議内容に込めたといいます（「座談会・基本法の原点『男女共同参画ビジョン』に込めた思いを語る」『女性展望』2009年6月号，6頁）。

　一般的に，基本法とは，その目的や基本理念並びに国や地方公共団体の責務などを規定したものです。本基本法は，男女共同参画社会を次のように定めています。すなわち，①男女が対等な構成員であること，②男女があらゆる分野に参画する機会が確保されていること，③男女が均等に政治的，経済的，社会的，文化的利益を享受すること，④男女共同責任の社会であること，です。国の責務は，①法制上及び財政上の措置，②基本計画の策定，③男女共同参画会議の設置，とされました。その他に，「積極的改善措置」も国の責務とされま

した。これは，男女間の格差を改善するために，活動に参画する機会を男女どちらかに与えようというもので，例えば女性の役職への積極的登用などが挙げられます。一方，国民の責務としては，社会のあらゆる分野において，基本理念に則り，男女共同参画社会の形成に寄与するよう努めることとされています。

　基本法案は1999年2月に閣議決定され，6月に成立しました。この前年の参院選で自民党が敗北したことから，橋本内閣が退陣して小渕内閣となり，政権の枠組も自民党と自由党（当時）の連立に変わっていました。そのような中で，法案がスムーズに成立した理由として，審議会メンバーだった古橋源六郎氏は，自社さ3党合意ができていたことと，3党連立が解消された後も野中広務官房長官（当時）が国会通過に奔走したことを挙げています（前掲，「座談会・基本法の原点『男女共同参画ビジョン』に込めた思いを語る」，8頁）。野中官房長官は男女共同参画担当大臣でもあり，男女共同参画を内閣の重要な政策課題と認識していました。野中官房長官が小渕首相に掛け合ったことにより，2001年の省庁再編時に各省庁の「局」が統廃合される中，男女共同参画室だけが参画局に格上げされました。

(3) DV（ドメスティック・バイオレンス）防止法

　女性に対する暴力の問題は，世界女性会議や世界人権会議において重要なテーマとなっています。1993年の国連総会は，「女性に対するあらゆる暴力の撤廃宣言」を採択し，国家があらゆる暴力の根絶のための責任を負っていることを明白にしました。

　国連総会では，女性に対する暴力が，男女間の歴史的に不平等な関係の現われであり，これが男性の女性に対する支配および差別につながってきたこと，この暴力は女性を男性に比べ従属的な地位を強いる重要な社会的機構の一つであるとの認識を示しました。ここで暴力とは，性に基づくあらゆる暴力行為を意味し，公的または私的生活のいずれで起こるものであっても，かかる行為を行うという脅迫，強制，または自由の恣意的な剥奪を含むとされています。

　1995年の北京会議では，DVが12の重点分野の1つに挙げられ，2000年のニューヨーク国連女性会議（北京＋5）では，DVに関する国の特別の立法の重

要性が指摘されました。

　DVとは，夫や前夫，元恋人など婚姻関係の有無を問わず，親密な関係にあるパートナーから女性への暴力や精神的虐待のことです。女性から男性への暴力もないわけではありません。しかし通常，加害者は圧倒的に男性が多く，国籍や職業を問いません。

　DVについて，わが国ではどのような対応がとられてきたのでしょうか。家庭で起きる犯罪について，一般に司法は関与を控えてきました。家庭内の暴力は表に出にくく，被害女性は辛抱するか，民間シェルターに逃げ込むことになります。子供の養育や経済的な問題を抱えていると，結局は夫のもとにとどまることを選択せざるを得ません。女性が逃げようとしたり警察に通報することで男性の暴力がエスカレートし，女性は逃げる機会や気力を失って，最悪の場合，命の危険に直面することもあります。それでも，DVを根絶するための根本的な解決策はとられてきませんでした。

　わが国では，1995年の北京会議以降，DV対策の動きが本格化しました。自社さ3党の枠組の中で，DV対策の推進が重要な政策課題として検討され始めました。一方，国会でも参議院の超党派の女性議員たちが率先して法制化の流れを作りました。参議院では，「共生社会に関する調査会」の下に，DVに関するプロジェクトチームが編成されました。そこには各会派から女性議員が1名ずつ参加し，自民党の南野知恵子氏が座長を，民主党の小宮山洋子氏が副座長を務めました。

　プロジェクトチームでは，関係者および警察庁や法務省などの関係省庁からヒアリングを行い，3年間かけて議論を積み重ねて法案をまとめました。こうした女性議員の連帯が実を結び，2001年に「配偶者からの暴力の防止および被害者の保護に関する法律」（DV防止法）が成立しました。これにより，裁判所による「保護命令制度」が新たに創設され，被害者の申し立てにより，加害者に対し被害者への接近を一定期間禁止することができるようになりました。保護命令違反には，1年以下の懲役または100万円以下の罰金が課されます。また，各都道府県において，相談支援センターの機能を充実させることになりました。なお，この法律は，男女いずれからの暴力も対象としています（前掲拙稿「男女共同参画社会の歩みと今後の課題」，8－10頁）。

DV法はその後，超党派の参院議員からなる「DV防止法見直しに関するプロジェクトチーム」を中心に見直しが進められ，2004年に改正，強化されました。その結果，保護対象が子供や元配偶者に拡大されるなど，保護制度がより手厚くなりました。その他にも，外国籍および障がいのある女性の条項が新たに設けられました。この背景には，1993年の国連総会において，マイノリティや難民，貧困下の女性など「特定のグループの女性」が暴力にさらされやすいと指摘されたことがあります（岩本美砂子「家父長制とジェンダー平等」『年報政治学2006－Ⅰ「平等と政治」』〔木鐸社，2006年〕，184頁）。

　このように，DV防止法は，女性議員の連帯により生まれ，育ってきたと言えます。DV法の制定について，プロジェクトチームの副座長を務めた小宮山洋子氏（現衆院議員）は，女性議員だからこそ取り組んで成立させることができたと，その成果を強調しています。そして，DVは児童買春などと同様に男性が触れたくもない問題であり，女性でなければ分からないことはしっかりやらねばならないと述べています（「5党女性国会議員が語る女性の政治参画」『女性展望』2006年4月号，10頁）。また，プロジェクトチームの一員であった公明党の大森礼子氏は，DVが犯罪であることが社会的に確認されたことは最大の効果であると指摘し，同じく一員であった社民党の福島瑞穂氏は，DVに苦しんでいる1人でも多くの人にこの法律が届き，将来DVが根絶されることを願うとの感想を寄せています（南野知恵子他監修『詳解DV防止法』〔ぎょうせい，2001年〕，302，304頁）。

4．指導的地位に女性を増やすには

(1) 「ジェンダー」たたきと国連の勧告

　以上見てきたように，わが国では国際潮流に合わせ，女性政策に一定の進展が見られました。そこには，女性の置かれている様々な問題を理解する議員の働きがありました。

　さて，政府は「国内行動計画」を数年おきに改定しており，小泉政権下の2005年には「第2次男女共同参画基本計画」が閣議決定されました。この計画で

は，家庭や雇用など12の分野において今後5年間で行う施策が挙げられた他，「2020年までに社会のあらゆる分野で指導的地位に占める女性の割合を最低30％程度にする」という積極的改善措置（ポジティブ・アクション）が新たに盛り込まれたことが注目されます。

　一方で，第2次計画策定にあたっては，自民党議員の一部から「ジェンダー」という用語に異論が出て，「男女差別はよくないが，男らしさ，女らしさは失わぬよう区別をはっきりさせるべき」とか，「父親が休業してまで育児する必然性はない」，「ジェンダー論は結婚や家族をマイナスイメージでとらえ，文化破壊を含む」などの強硬な主張が目立ちました。鶴田敦子聖心女子大学教授によれば，このような立場の人は，性別役割分業に基づいて女性が男性を支えるという家族像をもっており，個としての人権意識の高揚で共同体が崩れると恐れるのだろうと分析しています。猪口邦子少子化・男女共同参画担当大臣は，こうした党内の主張に異議を唱えたものの，結局，内閣府はジェンダーの定義を「社会的，文化的に形成された性別」から「社会的性別」に改め，決着を図りました（森映子「第2次男女共同参画基本計画で露呈した『ジェンダー』たたき」『世界週報』2006年3月28日号，31頁）。このような"揺り戻し"現象は，いくつかの地方自治体レベルでも生じているのが現状です。

　ここで再び，国際的潮流をみておきたいと思います。2009年は，女性差別撤廃条約採択30周年にあたります。これまで日本政府は数回にわたり，条約の履行状況について国連に報告書を提出し，国連女性差別撤廃委員会による審査を受けています。2003年の審査では，200項目に及ぶ問題点が指摘されました。そこでは，婚外子差別，女性のみ適用の再婚禁止期間，結婚の際の夫婦同姓の強制など民法上の差別的法規の問題や雇用差別，職業と家族責任の両立などが取り上げられ，さらには女性の政治参加について「選挙制度改正の際に女性代表が少なくなる問題を考慮したのか」，「日本では女性の政治参加が制限されているのか」，「選挙制度が障害ならば，政府は女性を意思決定の地位に任命して参加の促進を果たせないのか」といった質問も出ました。そして，このような論点を反映した勧告がなされました（石崎節子「国連女性差別撤廃委員会による日本政府の女性政策評価」『月刊社会教育』2007年3月号，48-49頁）。

　しかし，6年経った今も状況は変わっていません。そのため，今年7月の勧

告は，日本政府の取り組みが不十分であるとし，詳細な具体策を挙げて迅速な対応を強く促すものとなりました。その主な内容は，民法改正の他，裁判官および検察官への啓発，政治的・公的生活への女性参加を促す暫定的特別措置，男女の賃金格差の是正，男性の育児休業の奨励，性暴力を含むビデオゲームや漫画の販売禁止など多岐にわたります。注目されるのは，差別を区別と言い抜けて平等を渋る動きを警戒し，「男女平等を妨げる区別は差別である」との定義を国内法に明記するよう求めている点です。女性差別撤廃委員である林陽子氏は，今回の勧告について，「経済大国に男女平等という重要な人権問題を主導してほしいという国際社会の強い期待の表れだ」と指摘しています（竹信三恵子「女性差別解消，進まぬ日本　国連委勧告，期限切り対応迫る」『朝日新聞』2009年9月12日）。

　なお，審査をした各国の委員からは，「日本政府は条約を法的拘束力のない宣言と見ているのではないか」との疑問が相次ぎました。この点について参考にしたいのが，近年，女性政策の進展が著しい韓国です。同国では女性団体が積極的に活動しています。活動の根拠は，韓国が条約を批准しているというただ一点なのだといいます。政府のトップたちに，韓国の状況は国際的な条約違反であると言って対応を迫り，様々な女性政策が実現してきたのです（「座談会・原点はノーモアヒバクシャ」『女性展望』2007年8月号，15頁）。鳩山内閣の西村智奈美外務政務官は，条約の推進について，今まで時速20キロ位だったが今度は時速50キロ位まで上げて取り組みたいと発言しており，今後の展開を注視したいと思います（『第173国会衆議院外務委員会会議録第3号』，2009年11月20日）。

(2) 女性の参画状況

　第2次基本計画には「2020年までに社会のあらゆる分野で指導的地位に占める女性の割合を最低30％程度にする」という数値目標が掲げられ，国連からも政治的・公的生活への女性参加を促す暫定的特別措置について言及がありました。そこで，近年の女性の参画状況を確認しておきます。

　まず，衆院議員の女性割合の推移を見ると，現行の選挙制度となった1996年総選挙では，定数500人中女性は23人（4.6％）でした。続く2000年の総選挙か

ら定数が480人となり，女性は35人（7.3％），2003年総選挙で34人（7.1％），2005年総選挙で43人（9.0％）と推移し，現在は54人（11.3％）です。女性の場合，比例代表選出の方が小選挙区選出よりも多いのが特徴で，2009年では比例30人（16.7％），選挙区24人（8.0％）となっています。

　一方，参議院では，1989年のいわゆる「マドンナブーム」の選挙の時に，女性立候補者が増加し，女性議員は252人中33人（13.1％）を占め，初めて1割を突破しました。1998年参院選では，女性議員の数が43人（17.1％）と過去最高を記録したものの，2001年に比例代表が非拘束名簿式に変更され，一旦減少に転じました。2009年現在，女性議員は比例選出21人，選挙区選出21人で，合計42人（17.4％）です。このように，女性国会議員は増加傾向にあります。今までが少なすぎたとも言えます。

　次に，鳩山政権における状況です。国会の役職では，衆議院の正副議長は男性で，常任委員長は17人中女性1人（5.9％），参議院では議長が男性，副議長が女性で，常任委員長は17人中女性3人（17.6％）です。

　閣僚は，大臣18人中，女性は2人（11.1％）で，副大臣（3人の内閣官房副長官を含む）では25人中1人（4.0％），政務官では25人中3人（12.0％）となっています。

　そして，民主党は，党員の女性割合が30.9％を占めるものの，役員総数26人はすべて男性です。ちなみに，自民党の女性役員割合は9.5％，公明党は9.5％，共産党は13.5％，社民党は16.7％となっています。今回の総選挙で，民主党の女性議員は40人となり，党派別で女性全体の74％を占めました。しかし，現時点では，そのほとんどが指導的地位にいないと言わざるを得ません。

　内閣府は，数値目標の達成が難しく，国際的に見ても女性の参画が遅れていることを踏まえ，2008年に「女性の参画加速プログラム」を策定し，特に参画が進んでいない分野（医師，研究者，公務員）を中心に，指導的地位に立つ女性の増加を図っています。例えば，国家公務員では，2007年度の指定職の総数903人中，女性は11人（1.2％）で，行政職（一）10級から7級を含めた総数8,676人の中でも178人（2.1％）にとどまっています。福島瑞穂消費者・少子化担当大臣は，これを何とか5％に上げるため，各省庁に働きかけたいと述べています（『第173国会衆議院内閣委員会会議録第2号』，2009年11月18日）。女性の裁

判官や検察官は，10％台半ば位です。これらの職種での女性の採用は増えているものの，ある程度戦略的な進め方をしないと，管理職クラスの女性を計画通りに増やすのは容易ではないでしょう。

(3) 選挙制度と女性議員

　国連の審査で，女性の政治参加が制限されているのかとの疑問が提示されるほど，わが国の女性は過少代表となっています。一方，多くの国では，男女間の不均衡を改善するため，クウォータ制などの積極的改善措置を導入しています。これは，歴史的に形成された構造的な差別の解消を図る取り組みで，①憲法改正（および法律）による強制，②法律による強制，③政党による自発的取り組みがあります。クウォータ制の採用国は，世界の女性国会議員比率の上位を占めており，その有効性がうかがえます。わが国は，このまま積極的な改善措置をとらないと，いずれ世界最下位レベルにまで後退するとの懸念も指摘されています（辻村みよ子「政治参画とジェンダー」川人・山元編著，前掲書，5，9，24頁）。

　男女共同参画社会基本法は，積極的改善措置として，公務員や企業の女性登用を打ち出す一方で，議員を増やす方策は立法府の管轄としており，施策に入っていません。ただ，女性議員を増やすための立法化は無理であるものの，各政党が「最低3分の1は女性にする」といった対応は可能だとされます（「基本法制定の推進者　野中広務元官房長官に聞く」『女性展望』2009年6月号，5頁）。

　議会は可能な限り民意を正確に反映すべきとするなら，そのような選挙制度が求められ，さしあたり女性議員比率を50％程度にするために，女性候補者を50％に近づける必要があります。「2020年までに30％」という第2次計画の数値目標を考えると，まずは女性候補者比率を30％にすることが課題です。

　今年の総選挙では，立候補者1,374人中，女性は229人（重複立候補45人を含む）で全体の16.7％を占め，人数・割合とも過去最高でした。小選挙区と比例代表を合わせた主要政党の女性候補者割合は，民主党14％，自民党8％，公明党8％，共産党30％，社民党32％などとなっています。以前に，日本新党が政党として初めて党役員の2割を女性とするクウォータ制を採用したものの，他

党には広がらず，その後民主党で候補者のクウォータ制を検討するも，逆差別になるとして実現しませんでした。各党が，明確な方針をもって女性候補者を増やすための仕組みを作ること，そして，女性候補者の発掘や育成，資金援助などを通じた支援も合わせて行うことが求められます（杉山麻里子「女性国会議員，過去最多に」『朝日新聞』2009年9月19日）。

そして，女性議員の増加と密接に関わっているのが選挙制度です。北欧諸国等で政党のクウォータ制が成果を上げているのは，選挙制度が拘束名簿式比例代表制であるからです。つまり，政党の提出する名簿を男女交互にする条件が機能して，女性が一定割合を確保できているのです。

現在のわが国の選挙制度は，衆院が小選挙区と比例代表制（定数480のうち小選挙区300，比例180），参院が非拘束名簿式比例代表制と選挙区（定数242のうち比例96，選挙区146）からなっています。これまでわが国の選挙は，利益誘導型・男性支配型・世襲型といわれ，地盤・鞄（資金）・看板（知名度）といういわゆる「3バン」の弱い女性候補者にとって，小選挙区制は不利とされています。そこで，現行の選挙制度を変えないのであれば，衆院選において比例代表部分に男女混合名簿を採用することで，女性議員の増加を図ることが可能です。また，小選挙区では，勝算のある選挙区に女性候補を増やす何らかの工夫が不可欠です（辻村，前掲論文，28－29頁）。もっとも，女性議員を飛躍的に増やすには，衆院は全部小選挙区制，参院は全部比例代表制にして，そこにクウォータ制を導入するといった抜本的改革も検討の余地があるかもしれません（前掲「5党女性国会議員が語る女性の政治参画」，6頁）。いずれにせよ，国会議員の定数削減や選挙制度改革の議論の際には，政治参加で後発組である女性が不利にならないような配慮が求められます。

5．おわりに

以上，女性の政治参加について検討してきました。ところで，米国の黒人問題研究の第一人者である猿谷要氏は，米国内のアフリカ系，スパニッシュ系，日系など数の上での少数派集団を研究していた1960年代後半に，数の上ではマ

イノリティではないのに，政治や経済，社会の面では実質的に全くマイノリティである女性という大集団の存在に気づき，目が覚めるような思いがしたといいます（猿谷要『アメリカを揺り動かしたレディたち』〔NTT出版，2004年〕，237－238頁）。それから40年近く経ち，各国の状況はどうでしょうか。

下院における女性議員比率と民主化のレベルについての研究（Ronald Inglehart, Pippa Norris, and Christian Welzel, "Gender Equality and Democracy." In *Human Values and Social Change*, in Ronald Inglehart, ed., Leiden : Brill, 2003 pp. 91-115.）によると，民主化が進展したシステムでは，「男性は女性より優れた政治指導者になる」という通念が，国民の多数によって否定される傾向があり，そのようなシステムにおいて女性議員比率が比較的高くなるのだそうです。しかし，日本は民主的システムとしては唯一例外的に，この通念を否定する人々の比率が過半数に届いておらず，それがわが国の女性の政治進出のレベルの低さを説明しているようです（川人貞史「日本における女性の政治進出」川人・山元編著，前掲書，247-248頁）。

そもそも私たちは，選挙によってどのような代表を送るべきと考えるのでしょうか。多数派の代表がよいのか，それとも多様な意見の反映がよいのか，ジェンダーの視点も踏まえた議論を期待したいと思います（大山七穂「女性と選挙環境」『東海大学紀要文学部』2004年，175頁）。

〈質疑・応答〉

〈質　問〉

女性の社会進出が政治参加に結びついていないように思います。どうしたらよいと考えますか。

〈回　答〉

政治参加の後発組である女性には候補者の養成をはじめ，様々な支援制度や支援者のネットワークが求められます。まずは，そうした体制作りをしていくということです。そして，地方で決められることは地方で決めるようにして，権限と財源を国から地方に移譲し，そこで女性議員を増やすということも考えられるのではないでしょうか。猪口邦子氏によれば，多くの先進国で女性議員

の数は，多い順に市区町村議会，都道府県あるいは州議会，国会の順であるのに対し，わが国は逆ピラミッドになっており，女性の政治参画と民主主義の男女平等が本当に深まっていくためには，生活や人々の考えに一番身近な市区町村の議会から女性が半数くらい出るべきだということです。国と地方の関係も含めて考えたいテーマです（「インタビュー・立候補辞退の猪口邦子前衆院議員」『女性展望』2009年10月号，16頁を参照）。

〈質　　問〉

　資料の「国会議員数の国際比較」を見ると，上位に政情不安定の国が多いように思います。女性の政治参加はカモフラージュ的なものなのでしょうか。

〈回　　答〉

　下院の女性議員比率第1位のルワンダは，人口900万人の多宗教・多言語の国で，代表の多様性を確保するためにクウォータ制を導入した新憲法を作りました。このような多文化国家では有効な制度と言えます。その一方で，この比率の高さは，内戦により多くの男性が亡くなったことによるとも言われます。ルワンダの女性議員について詳しくはありません。彼女たちが実際にどういう活動をしているのか，調べてみたいと思います。

〈質　　問〉

　女性議員を増やすために，クウォータ制を導入することに基本的に賛成なのですが，議員として「プロの適性」といったものも必要に思われます。議員の質を保証する基準についてどのように考えますか。

〈回　　答〉

　議員の質の保証は大変難しい問題だと思います。各党の自発的なクウォータ制の場合，そこでの候補者擁立が極めて重要ですので，政党が選定過程をオープンにし，有権者の意見を聞く機会を設けるというのが一案です。

〔付記〕　本章は，専修大学大学院公開講座での報告に加筆・修正をしたものです。

〈表1〉 諸外国における女性の政策・方針決定過程への参画状況
国会議員数の国際比較

順位(下院)	国名	議員数(人) 下院又は一院制	女性(人)	男性(人)	女性割合(%)	男性割合(%)	議員数(人) (参考)上院	女性(人)	男性(人)	女性割合(%)	男性割合(%)
1	ルワンダ	80	45	35	56.3	43.8	26	9	17	34.6	65.4
2	スウェーデン	349	164	185	47.0	53.0	---	---	---	---	---
3	南アフリカ共和国	400	178	222	44.5	55.5	54	16	38	29.6	70.4
4	キューバ	614	265	349	43.2	56.8	---	---	---	---	---
5	アイスランド	63	27	36	42.9	57.1	---	---	---	---	---
6	アルゼンチン	257	107	150	41.6	58.4	72	27	45	37.5	62.5
7	フィンランド	200	83	117	41.5	58.5	---	---	---	---	---
8	オランダ	150	62	88	41.3	58.7	75	26	49	34.7	65.3
9	ノルウェー	169	66	103	39.1	60.9	---	---	---	---	---
10	デンマーク	179	68	111	38.0	62.0	---	---	---	---	---
11	アンゴラ	220	82	138	37.3	62.7	---	---	---	---	---
12	コスタリカ	57	21	36	36.8	63.2	---	---	---	---	---
13	スペイン	350	127	223	36.3	63.7	263	79	184	30.0	70.0
14	アンドラ	28	10	18	35.7	64.3	---	---	---	---	---
15	ベルギー	150	53	97	35.3	64.7	71	27	44	38.0	62.0
16	ニュージーランド	122	41	81	33.6	66.4	---	---	---	---	---
17	ネパール	594	197	397	33.2	66.8	---	---	---	---	---
18	ドイツ	622	204	418	32.8	67.2	69	15	54	21.7	78.3
19	エクアドル	124	40	84	32.3	67.7	---	---	---	---	---
20	ベラルーシ	110	35	75	31.8	68.2	56	19	37	33.9	66.1
26	スイス	200	57	143	28.5	71.5	46	10	36	21.7	78.3
28	メキシコ	500	141	359	28.2	71.8	128	23	105	18.0	82.0
29	オーストリア	183	51	132	27.9	72.1	61	15	46	24.6	75.4
30	ポルトガル	230	64	166	27.8	72.2	---	---	---	---	---
35	オーストラリア	150	40	110	26.7	73.3	76	27	49	35.5	64.5
43	シンガポール	94	23	71	24.5	75.5	---	---	---	---	---
50	カナダ	308	68	240	22.1	77.9	93	32	61	34.4	65.6
57	イタリア	630	134	496	21.3	78.7	322	58	264	18.0	82.0
63	フィリピン	239	49	190	20.5	79.5	23	4	19	17.4	82.6
64	ポーランド	460	93	367	20.2	79.8	100	8	92	8.0	92.0
66	ルクセンブルク	60	12	48	20.0	80.0	---	---	---	---	---
68	英国	646	126	520	19.5	80.5	746	147	599	19.7	80.3
75	フランス	577	105	472	18.2	81.8	343	75	268	21.9	78.1
88	米国	435	73	362	16.8	83.2	98	15	83	15.3	84.7
93	チェコ共和国	200	31	169	15.5	84.5	81	14	67	17.3	82.7
103	韓国	299	41	258	13.7	86.3	---	---	---	---	---
106	アイルランド	166	22	144	13.3	86.7	60	13	47	21.7	78.3
108	スロバキア	90	12	78	13.3	86.7	40	1	39	2.5	97.5
119	日本	480	54	426	11.3	88.8	242	44	198	18.2	81.8
120	ハンガリー	386	43	343	11.1	88.9	---	---	---	---	---
124	マレーシア	222	24	198	10.8	89.2	64	20	44	31.3	68.8
135	トルコ	549	50	499	9.1	90.9	---	---	---	---	---

(注) 1. IPU「Women in Parliaments」より作成。
2. 調査対象国は187ヵ国。
3. 二院制の場合は下院の数字。順位は、IPU発表資料を基に内閣府にてカウントし直したもの。

(出典) 内閣府男女共同参画局ホームページ「女性の政策・方針決定参画状況調べ」(平成21年12月11日)

〈表2〉 HDI, GEM, GGI における日本の順位

① HDI（人間開発指数）

順位	国名	HDI値
1	アイスランド	0.968
2	ノルウェー	0.968
3	カナダ	0.967
4	オーストラリア	0.965
5	アイルランド	0.960
6	オランダ	0.958
7	スウェーデン	0.958
8	日本	0.956
9	ルクセンブルク	0.956
10	スイス	0.955
11	フランス	0.955
12	フィンランド	0.954
13	デンマーク	0.952
14	オーストリア	0.951
15	英国	0.950
16	スペイン	0.949
17	ベルギー	0.948
18	ギリシャ	0.947
19	イタリア	0.945
20	ニュージーランド	0.944
21	英国	0.942
22	香港（中国）	0.942
23	ドイツ	0.940
24	イスラエル	0.930
25	韓国	0.928
26	スロベニア	0.923
27	ブルネイ	0.919
28	シンガポール	0.918
29	クウェート	0.912
30	キプロス	0.912
31	アラブ首長国連邦	0.903
32	バーレーン	0.902
33	ポルトガル	0.900
34	カタール	0.899
35	チェコ	0.897
36	マルタ	0.894
37	バルバドス	0.889
38	ハンガリー	0.877
39	ポーランド	0.875
40	チリ	0.874
41	スロバキア	0.872
42	エストニア	0.871
43	リトアニア	0.869
44	ラトビア	0.863
45	クロアチア	0.862
46	アルゼンチン	0.860
47	ウルグアイ	0.859
48	キューバ	0.855
49	バハマ	0.854
50	コスタリカ	0.847
51	メキシコ	0.842
52	リビア	0.840
53	オマーン	0.839
54	セーシェル	0.836
55	サウジアラビア	0.835
56	ブルガリア	0.834
57	トリニダード・トバゴ	0.833
58	パナマ	0.832
59	アンティグア・バーブーダ	0.830
60	セントクリストファー・ネーヴィス	0.830

② GEM（ジェンダー・エンパワーメント指数）

順位	国名	GEM値
1	スウェーデン	0.925
2	ノルウェー	0.915
3	フィンランド	0.892
4	デンマーク	0.887
5	アイスランド	0.881
6	オランダ	0.872
7	オーストラリア	0.866
8	ドイツ	0.852
9	ベルギー	0.841
10	スイス	0.829
11	カナダ	0.829
12	スペイン	0.825
13	ニュージーランド	0.823
14	英国	0.786
15	シンガポール	0.782
16	トリニダード・トバゴ	0.780
17	フランス	0.780
18	米国	0.769
19	オーストリア	0.748
20	ポルトガル	0.741
21	イタリア	0.734
22	バハマ	0.730
23	アイルランド	0.727
24	アラブ首長国連邦	0.698
25	アルゼンチン	0.692
26	ギリシャ	0.691
27	コスタリカ	0.690
28	キューバ	0.674
29	イスラエル	0.662
30	エストニア	0.655
31	チェコ	0.650
32	マケドニア旧ユーゴスラビア	0.644
33	ラトビア	0.644
34	スロバキア	0.638
35	バーレーン	0.627
36	ペルー	0.627
37	スロベニア	0.625
38	クロアチア	0.622
39	ポーランド	0.618
40	ナミビア	0.616
41	キプロス	0.615
42	リトアニア	0.614
43	バルバドス	0.614
44	ブルガリア	0.605
45	エクアドル	0.605
46	スリナム	0.604
47	メキシコ	0.603
48	タンザニア	0.600
49	パナマ	0.597
50	ホンジュラス	0.590
51	ウガンダ	0.590
52	セントルシア	0.590
53	レソト	0.589
54	ハンガリー	0.586
55	ガイアナ	0.586
56	セルビア	0.584
57	ベネズエラ	0.577
58	日本	0.575
59	キルギス	0.573
60	ドミニカ共和国	0.561

③ GGI（ジェンダー・ギャップ指数）

順位	国名	GGI値
1	ノルウェー	0.824
2	フィンランド	0.820
3	スウェーデン	0.814
4	アイスランド	0.800
5	ニュージーランド	0.786
6	フィリピン	0.757
7	デンマーク	0.754
8	アイルランド	0.752
9	オランダ	0.740
10	ラトビア	0.740
11	ドイツ	0.739
12	スリランカ	0.737
13	英国	0.737
14	スイス	0.736
15	フランス	0.734
16	レソト	0.732
17	スペイン	0.728
18	モザンビーク	0.727
19	トリニダード・トバゴ	0.714
20	モルドバ	0.724
21	オーストラリア	0.724
22	南アフリカ	0.723
23	リトアニア	0.722
24	アルゼンチン	0.721
25	キューバ	0.720
26	バルバドス	0.719
27	米国	0.718
28	ベルギー	0.716
29	オーストリア	0.715
30	ナミビア	0.714
31	カナダ	0.714
32	コスタリカ	0.711
33	ベラルーシ	0.710
34	パナマ	0.710
35	エクアドル	0.709
36	ブルガリア	0.708
37	エストニア	0.708
38	タンザニア	0.707
39	ポルトガル	0.705
40	モンゴル	0.705
41	キルギス	0.705
42	ロシア	0.699
43	ウガンダ	0.698
44	ジャマイカ	0.698
45	カザフスタン	0.698
46	クロアチア	0.697
47	ホンジュラス	0.696
48	ペルー	0.696
49	ポーランド	0.695
50	コロンビア	0.694
51	スロベニア	0.694
52	タイ	0.692
53	マケドニア	0.691
54	ウルグアイ	0.691
55	ウズベキスタン	0.691
56	イスラエル	0.690
57	中国	0.688
58	エルサルバドル	0.688
98	日本	0.643

（備考） 1．国連開発計画（UNDP）「Human Development Indices : A statistical update 2008」及び世界経済フォーラム「The Global Gender Gap Report 2008」より作成。
2．測定可能な国数は、HDIは179か国、GEMは108か国、GGIは130か国。
（出典）内閣府男女共同参画局ホームページ「男女共同参画白書」（平成21年5月）

第 II 部

現代日本の政治課題

第1章
政権交代実現，麻生首相の功罪

（野口　博之）

1．はじめに：問題の所在

　オタク文化に詳しい麻生太郎首相らしい，こんなエピソードがあります。私が2009年3月25日，読売新聞社時代の同僚だった政治部記者にインタビューして聞いた話です（以下，同出典）。

　この記者は，麻生氏が官邸入りする前，麻生宅への朝回りをしていました。もちろん特ダネなどをつかむためです。豪邸に入れてもらって挨拶すると，麻生氏はよく，外出先に向かうお気に入りの高級車ベンツに乗せてくれました。

　「これを読め」。座席に座ると，膝の上にポンと少年マンガ雑誌を置きます。もう中年入りしたこの記者は日ごろ，少年マンガをよく読むわけではありません。本当は，マンガでなく，持ち時間の間に，いろいろと政界の面白いネタを聞きたいと思っています。

　しかし，渡されれば，拒否するわけにはいきません。ページをめくりながら，隙をみて，麻生氏に話しかけようとします。が，当の麻生氏も別のコミック誌を熱心に読みふけっているのです。ベンツ車内は，マンガ読書の時間に当てているらしく，いつもさながら"マンガ図書館"のようになります。結局，ろくに話を聞けないまま，タイムアウトになることがしばしばということでした。

　この記者は，苦笑いしながら，私にこう話します。

　「なかなか取材できないので，苦労するんですよ。一度，羽田空港で待ち構

えてベンツに乗せてもらったとき，夜暗かったので，車の中ではマンガが読めない。そのときは，さすがに，麻生も私に話してくれました」。

なんと，ベンツの座席には，いつもジャンプ，マガジン，モーニングといった少年誌がドサッと置かれているというのです。麻生氏は，こうしたコミック誌を週に10〜20冊読んでいるらしいです。

確かに，オタクの間では，マンガ好き麻生の人気は依然，根強くありました。2ちゃんねるを中心にしたインターネット上では，少女マンガを読んでいたとの口コミをもとに「ローゼン閣下」と呼ばれたり，「おれたちのタロー」と親しまれたり。麻生氏も，これにたいそう気をよくして，秋葉原に遊説に出ては，「オタクの皆さん」などと呼びかけていました。

しかし，新聞各紙の世論調査では，内閣支持率が急降下してから，回復のメドが立ちませんでした。2008年9月24日の内閣発足時の世論調査では，朝日新聞を見ると，48％。それでも，小泉純一郎内閣以降では，発足直後の最も低い支持率です。そして，09年2月19，20日の調査では，竹下・森両内閣末期のころに迫る13％にまで落ち込みました。違法献金事件による民主党の小沢一郎代表秘書の逮捕などでやや持ち直したものの，一時的な上昇に留まり，8月30日に投開票が行われた総選挙では，自民党の議席が解散時の3分の1強になる119議席の惨敗に終わり，同日中に退陣を表明しました。

不人気の理由は，発足直後については，出来レースの総裁選への失望感のほかに，新鮮味のないお友だち内閣やセレブ過ぎて国民感覚に近くないことなどでした。これらは新聞各紙に挙げられています。

その後に支持率が急降下したのは，まず政策のブレです。

定額給付金について，麻生首相は当初，高額所得者が受け取ることを「さもしい」などとして所得制限や辞退を示唆しました。だが，その後，受け取って消費に使うようにと発言をコロッと変えています。さらに，国民の多くが支持したとされる郵政民営化に消極的な姿勢をみせ，日本郵政グループの株式売却凍結や4分社化の見直しまで示唆しました。麻生氏は，民営化を進めた小泉内閣の総務相だったのに，その立場を否定するような発言までしたのです。

次に，数々の失言です。以前から問題視されていたものの，首相就任してからも頻発しました。以下に例を挙げてみましょう。

「はっきり言って医師は社会的常識がかなり欠落している人が多い」
「たらたら飲んで食べて，何もしない人の医療費を何で私が払うんだ」
「『株屋』っていうのは信用されないんだよ。預金と違って，株をやってるというと田舎では怪しい」
「カップ麺は，いま400円くらいします？ そんなにしない？」
「村山談話というものは基本的にフシュウをしてまいります」
　もちろん，庶民感覚欠如の発言や漢字の誤読も含んでいます。
　この論考は，政策のブレや失言の背景を探ることによって，麻生太郎という政治家の本質を浮き彫りにすることを目的にしています。

2.「オールド・ケインジアン」の財政出動論者

　麻生氏の政策とは，どんなものなのでしょうか。先述の政治部記者に聞いてみました。すると，本人からは聞いたこともないようなアイデアが次々に出てきました。
　それは，電柱と電線が至る所にあって空が汚く見えるので，すべて地下に埋設してしまうこと，どんな僻地からでも拠点病院に30分で行けるような高速道路を作ること，排ガスを出す車より環境によい整備新幹線を引くこと，です。
　言ってみれば，みな公共事業にはなります。しかし，この記者は言います。
「公共事業をバンバンやれというのではなく，あくまでも限定的なんです。麻生本人からは，一度たりとも，橋を架けろ，港を作れ，といった言葉は聞いたことがありません。いいものはいいし，悪いものは悪い。その点はメリハリがきっちりしていますよ」。
　つまり，土建業者に利益をあげる旧来型の公共事業ではダメで，生活者のために考えてやるスマートな公共事業をということらしいです。
　これらの政策は意外（？）であったため，私は，現在所属のJ-CASTニュースでいつもコメントをお願いしている政治家麻生に詳しいジャーナリストの上杉隆氏に当たってみました。2009年3月28日にインタビューしたところ，上杉氏は「どこでそんなこと聞いたんですか」と首をひねった様子で，こう言

いました（以下，同出典）。

「それらの政策は，総理大臣が考えることではなく，知事が考えることですよ。総理が考えるのは，補正予算を出すのかどうか，出すとすると規模はいくらぐらいか，というようなこと。知事と違って細かい政策の中身でなく，もっと大きなレベルの決定です。そして，補正の中身は，議院内閣制なので，各所轄大臣が考えることです」。

一国のトップが考えることとしては，政策の器が小さすぎて信じられないということのようでした。

ただ，どんなレベルの公共事業を考えているにせよ，記者も上杉氏も，よく言われるように，麻生氏が財政出動論者という見方では一致していました。そして，2人とも，この世界的不況の中では，誰が首相になっても，ケインズ的な財政出動政策を採らざるをえなかったと説いています。その意味では，補正に金を注ぎ込んだ麻生氏の政策は，時代に合っていたとみています。

麻生氏自身も，こうした政策志向であることを暗に認めています。自民党総裁選で2008年9月11日に行った所見表明演説では，「オールド・ケインジアン」と呼ばれることについて，「呼びたくば，呼べ」と否定しませんでした。そして，ケインズとは，国を愛し，難局に立ち向かうために身命を賭す点においては，「志，覚悟を共にする」と言い切っています（以上，麻生太郎公式サイト「講演・論文『総裁選』」）。

『夕刊フジ』連載の08年9月12日付寄稿では，麻生氏は，「小さくても温かくて強い政府」とうたっています。しかし，「温かくて強い」という言葉からしても，むしろケインズ的文脈での「大きな政府」志向と言えるでしょう。

「景気の麻生」は，所信表明演説の中で，財政出動によって負債が増えても，「成長の中，自ずと増えていく税収によって負債を返済すべき」と説いています。いわば，麻生氏が好きな言葉「ビルトイン・スタビライザー」的な発想です。これは，麻生氏の偉大な祖父，吉田茂元首相が進めた軽武装・経済成長路線を連想させます。実際，麻生氏は，『文藝春秋』2007年11月号に掲載された「俺が新しい自民党を作る」で，「理念も大事だが，現実に合わせて実際に出来ることを計算する，吉田茂的なプラグマティズムが私にはあった」と書いています。

ところが，たとえ短期的な政策であるとしても，古いバラマキ臭がする財政出動路線には，内外からの批判も強く出ました。米国の『ニューヨーク・タイムズ』紙は，2008年9月17日付記事で，オバマ大統領が表面的にしか変化が起こらないことを示すのに使った「豚に口紅」という言葉を引き合いに出して，麻生氏らを酷評しました。「麻生氏は，政府の支出を増やすことで低迷している経済を下支えしようとするなど，古典的な自民党政策を追求している」とこき下ろしています。

　国内では，麻生氏周辺からさえ疑問の声が出ました。麻生―与謝野ラインを組んでいたとされる与謝野馨経済財政相は，『中央公論』2008年11月号の田原総一朗氏との対談で，財政出動路線を一時的な効果しかない「ドリンク剤」に例えました。そして，「麻生さんの手法だと，財政出動をすることで，非効率な分野に資本と労働が張り付いたままになってしまう」と指摘し，規模が大きくなれば最後は国が破綻してしまうと警告しています。

　実際，麻生内閣は，赤字国債の発行も辞さないと，過去最大の補正も含めて史上初めて100兆円を突破する2009年度一般会計を計上しました。その結果，国債の発行額が，戦後初めて税収を上回る見通しにさえなりました。

　もっとも，麻生氏も，財政再建の必要性は認めており，政策では景気対策の次に位置づけて，消費税を今から2年後にアップさせる構想を描いていました。これは，財政改革派の盟友，与謝野氏に妥協した政策であるとみられています。

3．逃げ腰の行政改革，「小泉が革新なら麻生は保守」

　とはいえ，与謝野馨氏は，むしろ財政出動ではなく構造改革こそを進めるべきであるとみていたようです。

　先述の中央公論での対談で，与謝野氏は，「その場しのぎではなく，内実を変えなければならないと明らかにしたのが，小泉（純一郎）さんの構造改革路線」と指摘しています。「構造改革路線とは，『政府による財政出動で民間の需要を喚起することはしません。資本と労働が非効率な分野から効率的な分野に

移動することで改善してください』というものです」と説明しています。そのうえで，麻生氏の政策について，「構造改革路線にまったく反しています」と間接的ながらも疑問を呈していました。

　麻生氏自身も，構造改革の本丸であった郵政民営化については，もともと反対であったと明かしています。日本郵政グループの株式売却凍結，4分社化の見直しも，その意向から出ていたとみられています。内閣発足では，民営化に反対した野田聖子氏を消費者相に，中曽根弘文氏を外相に任命したのも，その表れでしょう。

　「行政改革」には，やはり消極的でした。2009年度予算について説明した08年12月24日の記者会見では，麻生氏は，政策の財源について，赤字国債の発行などで補わざるをえないとし，改革を一番後の項目に挙げています。それも，「勿論，無駄な支出は徹底的に省く必要があります」と，付け足し程度に触れていただけです。

　そもそも，政権発足当初から，麻生首相は，構造改革，行政改革に対する逃げ腰の姿勢が目立っていました。発足直後の2008年9月29日に国会で行われた所信表明演説では，「官僚とは，わたしとわたしの内閣にとって，敵ではありません」とさえ述べました。09年4月8日の国家公務員合同初任研修開講式では，新人官僚に「私は公務員バッシングにくみしない」と訓示しています。また，08年12月19日には，必要不可欠な場合は官僚再就職のあっせんをしてもよいとして，官僚の「渡り」を事実上容認する政令を閣議決定しています。この決定は強い批判を受けて後に09年末であっせんを廃止することにしました。麻生氏は，改革について，言われたもの以上にはしないという姿勢が明白でした。ある程度の配慮をしないといけなかったのは，小泉元首相を出した町村派が政権を支えていたからです。

　総じて言えば，小泉が革新なら，麻生は保守，と極論することもできます。麻生氏自身も，『文藝春秋』2007年11月号の寄稿で，「旧体制をぶっ壊すのはかつての革新であり，保守は新しい時代を建設せねばならない宿命を持つ」と述べています。

　ここで，私の持論を展開していきましょう。

　もちろん，この大不況では，ある程度のケインズ的財政出動は必要かもしれ

ません。しかし，世界で最初にケインズの理論を採り入れたとされるニューディール政策も，後に厳しく批判されています。資本と労働を非効率な公共分野に移動させ，結果として自由競争を阻害した場当たり的な政策であったということです。

　財政出動のような一時的な効果のドリンク剤あるいはカンフル剤だけでは，経済の病気は根本的に治癒しないのです。最終的に健康を回復するには，経済の自然治癒力，つまり市場のエネルギーが必要です。

　そして，有効なのが，郵政分野など官製市場の開放によるビッグバンです。有権者は郵政民営化を支持して衆議院に3分の2の議席を与えたのですから，むしろ自民党は，その民意に沿って，民営化を本丸とした構造改革をこそ進めるべきだったのではないでしょうか。

　例えば，アルファブロガーとして知られる経済学者の池田信夫氏がテレビ局の免許制について説くある種の構造改革です。それは，免許で割り当てられる電波を入札にかければ，電波ビッグバンを生んで，定額給付金をはるかに上回る数十兆円の波及効果があるというものです。そして，同時に消費税の1％ほどにもなる3兆円以上の政府収入が見込めるため，「電波埋蔵金」として財政再建にも役立つとしています（「テレビ局の電波利用料『安すぎる』という批判」『J-CASTニュース』2009年1月24日）。

　私は，さらに進んで，官僚が最も嫌がるシンクタンク機能を最終的に民営化すべきと考えています。それだけでは市場規模は限られていますが，しかし，波及効果は相当大きいはずです。

　もちろん，競争ばかりでは格差社会を生む恐れがあり，社会民主主義的なセーフティネットをしっかり張り巡らせるべきときもあります。それは，何かをするのに，短い棒が効率よいときもあれば，長い棒が必要なときもあるのと同じことです。社会民主的な長い棒が必要なときのために，民主党のような政党があるのです。

　いずれにせよ，麻生首相は，民意を生かした政権運営をするのがスジでした。もし改革を止めたいのであれば，衆議院を早期に解散して民意を問わなければならなかったのです。

4.「自民党派閥」の最後の人

　私は，小泉以降，ある意味で首相のレベルが順繰りに落ちていたのではないかとみています。小泉の次が安倍，安倍の次が福田，福田の次が麻生，ということです。それは，各政党が候補者を1人しか立てられない小選挙区制の導入で，派閥が自然消滅に向かい，党執行部の力が強くなっていることが背景にあります。そこでは，必然的に，いい人から順番に登用しようと考えることになるからです。いわば政党内が，「戦国武将型」ではなく，「官僚型のピラミッド社会」になっているということです。自民党のふところが深かったのは，かつての中選挙区時代の代物でしかありません。

　そして，政策の転換は，政党内における政権交代ではなく，二大政党による政権交代でなされる時代になっています。かつては，自民党内で，ある派閥の領袖が政権を取って思想・政策が右寄りに振れれば，次は左寄りの派閥が政権を取る「振り子の原理」で社会の不満を解消してきました。しかし，小選挙区制の導入で，党内にふところの深さがなくなり，こうした派閥の談合でバランスを取ることができなくなりました。その結果，多様性が奪われて思想・政策が陳腐化するようになり，社会の不満を解消するには，派閥ではなく政党による政権交代しかなくなりました。言ってみれば，民主党がいわば派閥の役目を果たすようになったのです。その意味では，支持率が内閣ごとにどんどん低迷していく現象は，決して異常事態ではなく，むしろ正常で健全な経過をたどっているとも言えます。

　自民党内の事情に深く通じているわけではありませんので，私は，先述の政治部記者やジャーナリストの上杉氏に，どう思うか聞いてみました。

　政治部記者の方は，私の見方に否定的でありました。

　「いや，小泉から麻生へと，だんだんと悪くなっているわけじゃないと思うよ。麻垣康三というでしょ。そのうち首相になっていないのは，谷垣だけだけど，みなそれなりの総裁候補ですよ。麻生は，落ちぶれているわけではなく，持論の政策についてはまともでブレない人。小池百合子や石原伸晃，野田聖子

よりもましだと思いますね。舛添要一は，都知事狙いじゃないの」。
　一方，上杉氏は，やや私に近い見方をしました。
　「安倍や福田は，無責任にも政権を途中で放り出したという意味では，レベルが落ちたとは言えるでしょう。麻生は，今政権に取り組んでいる最中なので，ちょっと比べられないし，まだ中身が分かりませんね」。
　政治家のレベルが落ちてきたかどうかは別にして，麻生氏は，自民党内では，安倍氏や福田氏ほど人望が高くなかったのは事実のようです。
　政治部記者は，こう言います。「非常に視野が狭くて，自分の美学に固執する人です。人間関係も悪い。だから小派閥なんですよ」。
　確かに，麻生氏は，宏池会からマイナーとされた河野グループに移り，後に麻生派となるときは総勢わずか15人に留まりました。福田氏と争った総裁選では，自派以外の全8派閥が福田氏の支援に回っています。
　その背景には，麻生氏が，庶民生活とは隔絶された世界で育った生い立ちがあります。吉田茂元首相を祖父に持つ名門の家系に1940年9月20日生まれ，炭鉱業を営む父親が私財で作った麻生塾小学校に通いました。社会人になっても，家業の麻生産業に入り，後に分社化した麻生セメントの社長になりました。また，首相就任後の閣僚資産公開（2008年10月24日）によると，その個人資産は4億5547万円にも上り，まさにセレブそのものでした。
　そんな中で，麻生氏の両親は，仕事や付き合いに忙しく，本人は「ほったらかしにされて育った」と振り返っています。そして，一人で家に閉じこもってマンガに読みふける孤独な少年時代を送り，成人してからも麻生財閥の御曹司として回りはイエスマンばかりの特異な環境にありました。そんな生い立ちや経歴が，独りよがりの考え方を生み，人から嫌われる原因を作ったのです。
　その麻生氏が自民党総裁にまで上り詰めたのは，公明党の力添えが大きいようです。
　政治部記者によると，麻生氏と公明党とは，もともとお互いに良好な間柄ではなかったということです。セレブ出身で庶民生活に関心のない麻生氏にとって，公明党が生活支援にと発案した定額給付金はあまり好きな政策ではありませんでした。
　「公明党が以前進めた同種の地域振興券は，麻生がいらないと返しに行って

説得され，仕方なくもらったと聞いています」（政治部記者）。

　高額所得者がもらうのは，矜持が許さないということでしょうか。しかし，3度も総裁選に落ちて，今回ばかりは，政権獲得に公明党の支持が必要と考え，給付金の後押しに回ったようです。共同通信政治部次長の柿﨑明二氏は，『世界』2009年3月号の寄稿「麻生首相に貧困は見えるか―『平等社会日本』の崩壊という政治課題―」で，麻生氏の発言がブレたのは，給付金が持論の政策ではなく，借り物の政策であったからとの見方を示しています。いわく，「受給にあたっての所得制限をめぐる麻生首相のブレは，この定額給付金が，実は経済刺激策，生活支援策のいずれでもなく，公明党の支持母体である創価学会の選挙支援に対する『見返り』に過ぎず，政策的な論議が意味を伴わない代物であることを如実に浮き彫りにした」。

　公明党も，オタクを中心に人気のある麻生氏を総選挙の顔にしようと，気乗りがしないながらも推したらしいのです。共同通信は，2008年10月28日付配信記事で，公明党の太田明宏代表らが総選挙の時期を巡って麻生首相と口論になり，「いったい，だれのおかげで総理になれたと思っているんだ！」と激怒したと，政権成立の内情を明かしています。公明党は，総選挙については，09年7月の都議選の時期を外し，政権発足時のご祝儀相場が残っているうちに麻生氏にやってほしかったようです。

　もっとも，支持率が下がってくれば，麻生氏は，自民党にとっても公明党にとってもお荷物に過ぎないということになります。政治部記者は，こう言います。

　「永田町では，麻生は異端児の扱いで，嫌われています。総選挙の顔になるから選ばれたわけですから，支持率が低下すれば，自民党内部からも必然的に麻生批判が噴出することになります」。

　ここまで永田町では嫌われ者の麻生氏です。そんな麻生氏が選ばれたというのは，逆に言えば，自民党のほかにいい人材がいなかったことを意味します。もちろん，ポスト麻生として谷垣氏や与謝野氏が挙げられていましたが，ちょっと地味で選挙の顔にはなりにくかったのです。

　言ってみれば，「自民党派閥」としては，もう大政奉還の時を待つばかりの幕末的症状だったということです。私が，ちょうど1年前の論文「天下取るも

すでに幕末だった福田内閣」で指摘した状況が続いていたことになります。

5．若者人気の内実

　人間関係に恵まれない麻生氏は，言ってみれば，なかなか胸襟を開かない「一見(げん)さんお断り」タイプらしいです。

　先述の政治部記者は，こんなエピソードを挙げています。1991年に発覚した共和汚職事件で，鉄骨加工メーカー「共和」から政界に多額のヤミ献金が流れ，麻生氏側には2000万円が渡されました。村松一郎秘書が早速，麻生氏に「もらいました」と報告すると，麻生氏は「すぐに返して来い」と言ったそうです。それは，「初めて会った人にお金を渡すのはおかしい」という理由でした。

　きっぱり断った麻生氏と対照的に，当時自民党幹事長であった加藤紘一氏は，共和からヤミ献金を受け取ったと東京地検に告発される騒ぎになっています。嫌疑不十分で不起訴処分になったものの，この事件では，野党から役職辞任の要求まで出ました。

　麻生氏は，仲間うちであると認めて初めて，相手に胸襟を開きます。この記者いわく，「ふところに入ってこない人とは，疎遠なんですよ。ベンツの車内でマンガを読むのに付き合ったので，やっと自分を記者として相手にしてくれるようになりました」。一見の記者を卒業してからは，麻生氏行きつけのホテルオークラ東京のバーで麻生氏とサシで酒を飲んでいるそうです。

　麻生氏と親しい北村晴男弁護士は，『ダカーポ』2007年6月20日号で，麻生氏が「半径1.5メートル以内の男」とも言われると明かしており，いったん馴染みになると親しみやすい人柄のようです。J-CASTニュースの2008年11月9日付記事では，麻生氏行きつけだった東京・四ツ谷の立ち飲み屋の従業員が，「麻生さんは気さくで偉ぶらない，とってもいい人ですよ」と証言しています。

　とはいえ，「一見さんお断り」では，銀座クラブのような世界でしか物を見ていないということにもなります。政治部記者は，こう言います。

　「結局は，上から目線なんですよ。育ちのいいお坊ちゃんだから，その目線

で偉そうなことを思わず口走ってしまう」。

　実際，麻生氏は1979年に衆院選に初出馬したとき，地元・福岡での街頭演説で，開口一番，支援者に向かって「下々の皆さん」と呼びかけたことは有名な話です。また，別の機会でも，「平民の皆さま」と呼びかけています（以上，『週刊現代』2008年6月21日号，『週刊新潮』2008年10月2日号）。

　麻生氏は，選挙区を走り回り，頭を下げて選挙資金を得る努力も必要なく，巨額の個人資産をバックに政治家になりました。そんな氏にとって，政治とは庶民の声をすくい上げるものではなく，江戸時代の大名のように庶民に"施す"ものであったのです。

　野中広務氏からは，麻生氏が2001年の自民党総裁選前に部落出身の野中氏に差別発言をするのを聞いたとして激しく批判されています。麻生氏は否定していますが，「野中のような部落出身者を日本の総理にはできないわなあ」と言ったというのです。政治部記者によると，当時最大派閥の橋本派には，麻生氏を総裁候補に推す動きがありました。だが，この発言問題がきっかけで結局，橋本龍太郎元首相自身が再び総裁を目指すことになりました。

　上から目線で，人間関係を作るのが下手な麻生氏。政治部記者がマンガを読めと言われたエピソードでも，どことなくその目線の存在を感じてしまいます。「医者は社会的常識がかなり欠落している」という失言なども，同様でしょう。嫌われ者になるのは，このためでもあります。

　確かに，政策について見れば，先述の政治部記者が言うように，政治家麻生は，ブレのない持論は持っているようです。

　それは，電線地下埋設論のように，限定的な公共事業であるかもしれません。少なくとも，「景気の麻生」「オールド・ケインジアン」として，財政出動を信念にしているのは，間違いないでしょう。

　とはいえ，どこか高見から見物して物を言っているような違和感が拭えません。つまり，お金をバラまけば，そのうち日本経済が元気を出してくれる，地方の支持も自民党に戻ってくるだろう，という上から目線です。

　しかし，生活支援スタイルのスマートな公共事業であれ，それは，自由競争を阻害する場当たり的な時代遅れの政策という面も否定できません。セレブ育ちで祖父の吉田茂氏ら身内の政治家と同じような視線でしか物を見ていないた

め，高度経済成長期の幻想を未だに追っているようにも見えます。

　麻生氏の政策は，米国民主党のフランクリン・ルーズベルト大統領が進めたニューディールスタイルではありますが，もちろん民主党のとも違っています。財政出動は，社会保障や福祉のためと言っている節は見当たらないからです。2008年12月19日にハローワークを視察したときは，職探しの若者に「今まで何してたんだ？　何がやりたいか目的意識をはっきり出すようにしないと，就職というのは難しい」と話しかけています。仕事を選べないから，ハローワークに来ているという面があることが分かっていません。つまり，雇用政策に関心はあっても，ニートやフリーターに関心があるわけではないのです。

　麻生氏は，オタクや2ちゃんねらーに支持されたとして，2007年6月8日出版の著書『とてつもない日本』（新潮社刊）でも「若い人たちにもウケてしまった」と自負しています。

　そこで，政治部記者に聞いてみますと，「野口さん，麻生は十数％の支持率ですよ。どの世代からも人気がありませんよ。発言にブレがあり，人間関係も下手ですし」と一蹴されてしまいました。記者いわく，「ネットの人たちは，政策は分かっていないでしょう。麻生も，同じマンガオタクであると共感してくれる人を利用したいと思っているだけでは」。

　ジャーナリストの上杉氏も，同様な見方です。「それはメディアが作った幻想でしょう。麻生が若い人の味方だとは思わない。社会的弱者に興味がある人ではなく，人の話も聞いていない。お酒を飲んだら明るく場持ちがいい，という仲間うちだけの人でしょう」と言います。

　実態は，麻生氏が，若者の支持を得ていたというより，一部のオタクから支持されていただけのようです。ちなみに，2ちゃんねるの利用層は，40代も多いと言われます。私のような高度成長期に育ったバブル世代です。むしろ，支持していたのは，若者というよりこのような世代でしょう。それだからこそ，成長期以来となる従来型の政策を説く麻生首相に，あの時代の勢いを少しでも取り戻してほしいという幻想を抱いたのかもしれません。

6．結び：自民党をブッ壊した

　身内と一部オタクの人たちにしか人気がなかった麻生首相も，内閣支持率が上向いたときがありました。それは，2009年の春です。
　朝日新聞社が3月28，29日に行った世論調査では，政権発足後最低だった前月より9ポイントも上昇して22％になりました。そして，4月18，19日の調査では26％とさらに上がり，5月16，17日の調査でも27％をキープしました。
　理由は，麻生首相に人気が出たからではありません。民主党の敵失によるものです。同党の小沢一郎代表秘書が逮捕され，政権交代に失望感が広がりました。その反動として，麻生首相に支持が流れたのです。支持率27％と言っても，発足直後の半分に過ぎません。
　実際，4月の世論調査では，麻生首相が自画自賛した過去最大の補正予算15兆円について，「評価しない」が6割も占めています。その内実と言えば，業者に利益誘導する箱モノと，官僚の天下り先となる基金のオンパレードでした。麻生首相の肝いりだった国立メディア芸術総合センターが，民主党の鳩山由紀夫幹事長に「国営マンガ喫茶」と揶揄されたのは記憶に新しいでしょう。それも，補正財源の8割が赤字国債を含む借金で，あまりにも高過ぎる景気のカンフル剤に国民の支持が得られなかったわけです。
　6月に入って，政府は，景気の底打ち宣言をしました。そのときは民主党も鳩山代表に顔を入れ替えていました。敵失がなくなり，さらに，政策のブレや失言が麻生首相の支持率低下に追い打ちをかけていきます。
　大きなダメージだったのが，鳩山邦夫総務相の更迭です。麻生首相は，もともと郵政民営化に反対であったと明かしながら，かんぽの宿の売却問題を起こした日本郵政の西川善文初代社長続投を決めました。小泉元首相を出した町村派に配慮したと言われますが，朝日新聞が6月13，14日に行った世論調査では，総務相更迭を「評価しない」と答えたのが6割にも達しています。その結果，麻生内閣支持率は，19％と8ポイントも下落しました。
　麻生首相は，補正予算成立後の支持率回復を待っての解散を狙っていたよう

です。公明党の主張に配慮して都議選後の総選挙を模索していたところ，千葉市長選など地方選で自民党が連敗して「麻生降ろし」が顕在化してきました。都議選の惨敗後に，解散日程を事前に決めるという異例の手でその動きを封じました。だが，7月21日に解散したときは，すでに支持率は地に堕ちていたのでした。

　総選挙の投開票が行われた8月30日には，自民党惨敗という世論調査結果通りになりました。解散時の一致団結演出や報道のアナウンス効果による揺り戻しもなかったことは，それだけ有権者の気持ちが固まっていたということです。

　選挙結果の分析を見ると，無党派層ばかりでなく，自民党支持層まで離反しているのが目につきます。

　東大大学院法学政治学研究科の谷口将紀教授らと朝日新聞社の有権者アンケート調査によると，今回の総選挙で，自民党支持者のうち4割超が同党に投票しませんでした（「2009年総選挙　誰が自民党政権を終わらせたのか」『世界』2009年12月号，75頁）。この割合は，自民党支持者のうち，比較的改革志向の強い層であることが分かっており，うち半分以上が民主党に流れたとみられています。自民党が従来型の経済政策に戻ったために，改革型の支持者が逃げてしまったわけです。

　しかも，この逃げ方は，金権スキャンダルへの批判票のような一時的なものではありません。共同通信社の世論調査によると，自民党が惨敗した2007年の参院選後，それまでとは違って選挙から半年後の08年1月も民主党と支持率が拮抗し，同党が上回るときさえあったのです（北野和希「『一票の価値に目覚めた』賢い有権者像の確立」『世界』2009年11月号，95頁）。つまり，小泉政権以降，改革の後退に伴って支持者離れが恒常的に続いていたということになります。

　中選挙区制時代の自民党は，左派から右派までの保守層を含む包括政党でした。ところが，総選挙のころには，一部の右派保守層にしか支持されない小政党にまで縮小していたわけです。

　むしろ，地道にマニフェストの政策を築き上げてきた民主党が，旧社会党的性格から脱皮し包括政党に変わってきていました。このことは，東大・朝日新

聞の候補者アンケート調査による分析が示しています（谷口他，前掲論文，81頁）。

「いっぺん，民主党にやらせてみよう」。こうしたフレーズがよくメディアなどで出てきたように，東大・朝日新聞の調査によると，自民党支持者の感情温度でも，麻生首相に対するより民主党の鳩山代表に対する方が上回っていました（谷口他，前掲論文，79頁）。

また，自民党による選挙期間中のネガティブ・キャンペーンも，ダメージを深めたようです。政策パンフレットでは，「『日の丸』を切り刻んで党旗を作る民主党！！」「労働組合が日本を侵略する日」などと盛んに攻撃していました。情報通信学会「間メディア社会研究会」が9月11日に発表したインターネット調査によると，6割の人が批判した政党に悪い印象を持ったと答えています。いわば，右派保守層の一部さえ切り崩す逆効果があったということです。

総選挙の時点で，自民党は，ネオコンだけが残ったと例えられるほどの壊滅状態でした。結果的に，自民党をブッ壊したのは，このスローガンを叫んだ小泉氏ではなく，麻生氏だったのです。

「旧体制をぶっ壊すのはかつての革新であり，保守は新しい時代を建設せねばならない宿命を持つ」。これをそっくり返すなら，麻生首相は，図らずも"革新"の役目を果たしたことになります。

確かに，自民党をダメにした"大罪"かもしれません。しかし，逆に言えば，こうも指摘できます。自民党を革新するきっかけを与えた"功績"になるかもしれないと。

つまり，惨敗は自民党にとって，自分を見つめ直すとともに，世代交代を進めるいい機会にもなるのです。総選挙後の同党総裁選に出馬した河野太郎氏は，「ちょっと勝ち過ぎましたね」とまで言っています。従来型政策にこだわる旧世代の党幹部がかなり残ってしまったことが，逆に党再建の支障になるということです。

河野氏は，外国特派員協会での立候補演説で，若い世代を代表して，保守政党として「小さい政府，より少ない税金」を目指すべきと言っています（「遊説の第一印象は『聴衆の無関心』 自民総裁候補が外国特派員協会で論戦」『J-CASTニュース』2009年9月25日）。そして，有権者へのバラマキといった旧

社会主義的なことを止めるべきだとも言うのです。郵政民営化も支持しており，小泉改革路線と近いと言ってもいいでしょう。

メディアなどでは今や，「小泉改革」と言えば，否定的なニュアンスで語られることがほとんどです。しかし，私はそうは思いません。小泉改革は，地方への目配りなどが足りなかった面はありますが，小選挙区制導入で崖っぷちにあった自民党を再生させています。その芽は，河野氏ら若い世代に引き継がれたと言ってもいいのではないでしょうか。ブッ壊すことによって，小選挙区制でも通用する包括政党に脱皮するきっかけを与えてくれたわけです。

東大・朝日新聞の有権者調査では，長い目で見ると何党寄りかと質問したところ，自民党が41％と民主党の25％を倍近くリードしていました（谷口他，前掲論文，82頁）。しかし，朝日新聞社が12月19，20日に行った世論調査では，自民党支持が18％と民主党支持の42％の半分弱に留まっています。すなわち，自民党はかつて繰り返し言われた「解党的出直し」をして，生まれ変わらないと以前のように支持できないと有権者が厳しい目を向けているのです。

野党になって，時間的・精神的余裕ができた今こそチャンスです。その機会を作ったのが，ほかならぬ麻生首相です。やはり，最大の功績は，小手先だけの首のすげ替えをせず，最後まで踏ん張って政権交代を実現させたことでしょう。この点については，政策のブレはなく，一本スジが通っていました。いわば，二大政党制が定着する道筋をしっかり付けたと言えます。そして，自民党の若い世代の保守は，マニフェストを練り直し，新しい時代を建設せねばならない宿命を持っているのです。

以上で，私の報告は終わり，質問および応答の中で，問題点の認識をさらに深めたいと思います。どうぞ，よろしくお願いします。

〈質疑・応答〉

〈質　問〉
　麻生首相の政策として，財政出動を挙げられています。それは100年に1度の危機だからそう対応したのでしょうか？　それとも，財政出動そのものを政策として好んでいるからですか？

〈回　　答〉

　財政出動を景気対策の持論として好んでいるのは，その通りです。麻生さんの政策がたまたま金融危機の時代に合ったから，首相に選出されたのではないでしょうか。

〈質　　問〉

　公明党などからの借り物の政策ではなく，持論の政策ならブレていないとおっしゃっています。としますと，麻生カラーを出して総選挙を戦えるだけの政策があったとお考えでしょうか？

〈回　　答〉

　政策と言っても，公明党発案の定額給付金はもちろん，民主党対抗の高速道路1000円ももともと借り物です。カラーを出したのは補正による財政出動ぐらいです。バラマキが評価されていないのは，この報告で私が指摘した通りです。将来的な政策も，郵政民営化ほどのインパクトのあるものが出せたとは思えませんね。

〈質　　問〉

　小派閥出身で自らの美学にこだわるところは，小泉元首相に似ています。小泉さんは，長期政権を実現しましたが，麻生さんは人気が落ちています。この差は，どこから生まれたのでしょうか？

〈回　　答〉

　似ているようで，小泉さんは革新，麻生さんは保守というところが決定的に違っています。それも改革に後ろ向きな従来型の保守です。保守なら保守で信念を貫けばまだ救われたのです。郵政民営化当時に郵政を管轄する総務大臣だったのに，後で，民営化に賛成ではなかったと述べて，政策がブレています。その後も，町村派に配慮して，日本郵政の西川社長続投を決めるなど，信念を貫かなかったから人気が落ちたわけです。

〈質　　問〉

　自民党には人材がおらず幕末的状況だったとおっしゃっていました。そのま

ま政権を続けるにはどう生まれ変わればよかったのでしょうか。
〈回　答〉
　東大の御厨貴教授が『中央公論』2009年4月号で「もはや下野して出直す以外に活路はない」とのタイトルを掲げていたように，1回野党になってみた方がよかったのです。イギリスの労働党は，野党時代に党内で徹底的に議論して，ブレア改革の基になるマニフェストを作っていきました。自民党は，小さな政府がよいのか，大きな政府がよいのか，右往左往して自分を見失っている状況です。ですから，英国労働党のように，野党陥落によって，考える時間を与えられたと前向きになり，じっくりと新しい方向性を見出していくべきなのです。

〈質　問〉
　麻生さんの政治課題を考える上で，いつ解散・総選挙なのか，なぜもっと要因として捉えなかったのですか。民主党の小沢代表秘書の逮捕で潮の目が変わったんですから，なぜこの時点でやらなかったのかということです。同じ献金疑惑のあった経産相の二階さんを辞めさせれば，戦えたのではないですか。アメリカの景気は回復しつつありましたし，定額給付金で公明党に貸しを作って解散権はフリーハンドだったはずです。5月の連休明けすぐにでも総選挙してもいいはずだったのに，麻生さんはどういう手を使ったのですか？
〈回　答〉
　私がインタビューした読売新聞の政治部記者によりますと，2009年3月下旬の時点では，総選挙の時期は，戦後あまりないことですが，8月のお盆前後になるのではないかということでした。景気対策の補正予算を国会で通さなければならず，参院での審議引き延ばしで衆院再可決が7月にずれ込む可能性があるからということです。麻生さんは，可能な限り財政出動の効果が出てくるころに選挙へ臨みたかったのではないですか。

〈質　問〉
　麻生さんは，政権を取ったら，それに異常なほどの執着心を持っていたようですね。選挙に勝とうと，どんなサプライズがありえたのでしょうか。

〈回　　答〉

　麻生さんには，特別なサプライズが用意できたとは思えませんね。なにせ，車の中でマンガばかり読んでいるような人ですから。『週刊文春』2008年12月11日号の総力取材「麻生太郎ひとりぼっち」によると，麻生さんが「『ゴルゴ13』は勉強になる」と明かしたとき，中曽根康弘元首相は「麻生君はバカだね」と発言したというエピソードさえあります。ただし，自民党には，何らかのサプライズがあった可能性があります。首相を辞めるよう求めた与謝野さんの進言を麻生さんが聞き入れず，新たな総裁でサプライズを起こす機会が失われてしまいましたが。

　それでは，時間が来ましたので，このへんで終わりにしたいと思います。どうもご清聴ありがとうございました。

※本章は，2009年4月18日に専修大学神田校舎で開かれた「日本臨床政治学会　2009年度全国研究会」で発表した報告をもとにしたものです。この全国研究会では，筆者は，共通論題（2）『麻生太郎政権の課題と展望』において，ジャーナリストの立場から「麻生太郎論」と題して発表しました。その後，総選挙の結果，麻生首相が退陣して政権交代が実現した情勢変化を基に，研究会での報告内容を修正・加筆し，改題して掲載しました。

第2章
変わる日本：課題としての地方分権

（根本　俊雄）

1．今なぜ地方分権か

　現在の日本は財政赤字，医療・教育・福祉予算の切り詰め，消えた年金問題，とまらぬ少子化，人手不足の介護，増税への流れ，雇用不安，基地問題，談合汚職，違法政治献金，そして，40年も50年もかかるダム建設……など多くの問題に直面しています。これらの，一見，つながりがないと思える問題の原因をたどっていくと，実はすべて地方分権に行きつくのです。

　なぜかといいますと，これらの問題について納得できる解決のための道筋を見いだすためには，わたしたち一人ひとりの力を結集して，中央政府とこれに直結する行政機関をコントロールすることが必要になります。そして，これらの行政機関をコントロールするためには，コントロールするに足るだけの力，すなわち，権限と財源とがわたしたちの暮らしに身近な市区町村にあることが前提になることはいうまでもありません。それが地方分権です。

　言いかえると，地方分権とは中央の行政機関をコントロールするための権限と財源とを，わたしたちに最も近い市区町村に移すことにほかなりません。

　ところが，日本では地方分権がきわめて不徹底で，市区町村が自主的に行政執行をおこなうために持つ権限と財源は限られたものでしかない状況でした。そのため，国民＝住民は行政をコントロールしようにも力を発揮することができず，冒頭に挙げた問題の解決を役所や個々の議員，独任機関である首長（知事や市区町村長），あるいは地域ボスにまかせる「おまかせ民主主義」「おまか

せ自治」が戦後もずっと続いてきています。

　一方，役所を見ますと，中央省庁は省益を追求していると批判され，「行政指導」が不都合な結果をもたらしても責任をとらなくなりました。また，議員もその多くは役所の書くシナリオに踊らされているかのようで，行政をチェックし住民全体の利益をめざしているのか，疑問を持たれる状況です。行政も政治も制度疲労をおこしているようです。

　こうした現実に直面すると，わたしたちは，問題の解決を役所や議員，首長，あるいは地域ボスにまかせる「おまかせ民主主義」から脱し，一人ひとりが，住民全体の利益を見つけだすための知識を身につけなければならないことがわかります。具体的には，現在，進められている分権改革を理解し，そのうえで，わたしたちの暮らしにかかわる政策の中身を理解することが，だいじな一歩といえるでしょう。

　日本で地方分権が十分に進まなかった理由のひとつが，「おまかせ民主主義」にあったことは以上の通りです。だが，もう一つの理由があります。

　それは，日本では政治というと国の政治，そして外交・防衛・貿易を中心とする国際政治の観念が強く，民主主義の基礎である地方自治をスケールの小さい，一段低いものと見て軽視する風があったことです。そのため，地方自治の中身を豊かにする地方分権の重要性が住民のあいだに，十分に浸透してこなかったのです。

　わたくしは大学で都市政治論，地方自治論を担当しました。テストで学生に感想を書いてもらうと，「政治といえば国の政治，国際政治だと考え，地方自治はたかだか一地方のことだと軽く考えてきた。しかし，授業を受けて，その重要性がよくわかり，地方自治は奥が深いと思った」という趣旨の内容が少なからずありました。

　日本には，政治というと無意識のうちに，国の政治，国際政治とみなす「政治文化」が根強く続いてきたのです。しかし学生の感想にもあるように，地方自治は国の政治，そして国際政治と同じように重要なのです。地域への想い，すなわち郷土愛が基礎となり祖国愛が生まれるように，住民の福祉を充実することが，国全体の利益につながるからです。

　わたしたちは今，地方自治の理念と実践とを豊かな内容をもって現実のもの

にする地方分権を，国の政治，そして国際政治と同じように，重要なものとして位置づけることが必要です。そのような考えに立ってはじめて，地方分権の重要性が，単に言葉としてではなく，実感として理解できるのではないでしょうか。

2．機関委任事務の廃止—分権改革の出発点—

そこでまず，地方分権改革の軌跡を見てみたいと思います。

地方分権を進めるためには，まずこれをやらなければならないといわれ続けてきた事項がありました。「機関委任事務の廃止」がそれです。機関委任事務とは，国が自治体の首長を含む執行機関に対し，あたかも下部機関に対するごとく，国の事務を執行させる制度です。1889（明治21）年から110年間余り続いてきました。

その機関委任事務が廃止に至る起点となったのは1993（平成5）年6月に，衆参両院において，超党派でおこなった地方分権推進の「決議」です。

そもそも，国会において超党派で「決議」をおこなうこと自体が，日本の憲政史上，画期的なことです。日本のこれからの「国と地方のかたち」をつくるうえで，分権改革が国民的課題としていかに重要視されるようになったかが理解できます。宮沢喜一内閣のときでした。

そして，この「決議」から二年後の1995（平成7）年7月に村山富市・自社さ（自民党，社会党，新党さきがけ）連立内閣が発足する際に，社会党と新党さきがけとの間に政権合意ができ，政権復帰をめざす自民党（橋本龍太郎総裁）がその合意に乗りました。社会党，新党さきがけ，自民党の三党合意をつくるときに，自民党は，分権改革を掲げ機関委任事務の廃止を盛り込んだ社会党と新党さきがけの政権構想を丸呑みしたのです。これ以後，中央省庁と密接につながってきた自民党は，分権改革を無視できなくなりました。

さて，問題の機関委任事務は1995（平成7）年の時点で，数にして561項目あり，都道府県の業務の8割，市町村の業務の4割がこの機関委任事務といわれてきました。この業務は所管の大臣の指揮監督を受ける代行業務であるた

め，住民の意見を取り入れて自由に改めようとしてもできません。

たとえば，都市計画事業の場合，建設大臣が知事に対して「通達」などをだして都市計画の事務を委任してきました。そして，その通達などに盛られた法律の解釈権は霞が関の中央官庁が独占してきました。自治体には法律の解釈権も，行政の決定権もありませんでした。地方自治法には，自治体は条例をつくれる，と書いてあるものの，霞が関の解釈に抵触することはできなかったのです。

このため，全国どこの都市も地域独自の文化や歴史の香りのしない，画一的なまち（街）になった，といわれたりしました。

こうした仕組みは都市計画（建設省）だけでなく，福祉（厚生省）の措置事務など，ほかの分野においても同様でした。霞が関だけが機関委任事務の制度を通して，行政を独占してきたのです（土岐寛『海外の都市政策事情』〔ぎょうせい，1987年〕，参照）。

そこで，同（1995＝平成7）年7月に内閣総理大臣の諮問機関として発足した「地方分権推進委員会」が，「機関委任事務の原則廃止」の答申をつくるため，561項目（1項目に複数の委任事務があるので実数は934）の機関委任事務を一つずつ綿密に吟味し，自治事務6，法定受託事務4の割り合いに区分けしたのです。それまでは都道府県知事の業務の7～8割が機関委任事務といわれてきたわけです。だが，その6割が自治事務に移行したことで，従来からの自治事務と合わせて，知事の全体事務の7割ほどが自治事務になりました。

他方，法定受託事務は，従来の機関委任事務を，名称を変えて残すものと受け止められ，地方分権の趣旨にそぐわないとして，各方面から批判の対象になりました。

しかし，ともかくも自治事務が増えたことは，自治体側の裁量の余地が大幅に増えることになります。ここでようやく，住民の視点に立つ行政運営をいかにおこなっていくか，を考える段階にきたのです。それは自治体が自らの裁量で住民福祉の政策を実施できるようになったことを意味します。

また，法定受託事務についても，各方面からの批判をふまえた手直しがおこなわれた結果，議会の条例制定権が認められ，議会の守備範囲が拡大しました。ここに，それまでほとんど手つかずだった「地方議会」が改革すべき対象

として浮上してきたのです。

　以上を要約すれば，国の地方への関与を廃止・縮減するという団体自治の拡充が，地方分権推進委員会の分権改革案，すなわち，「機関委任事務の原則廃止」案として「地方分権一括法」に盛られたということです。そこで，機関委任事務の廃止は，地方分権改革のひとつの到達点と見なされているのです。

　こうして，「超党派」での「決議」から7年後の2000（平成12）年4月1日に施行された「地方分権一括法」（正式名称は「地方分権の推進を図るための関係法律の整備等に関する法律」）により，機関委任事務制度は廃止され，中央官庁だけが行政を独占することのできない仕組みに変わりました。小渕恵三内閣から森喜朗内閣に移ったときです。機関委任事務制度の廃止が，明治維新の中央集権化に対して，平成の地方分権化という歴史的なできごとといわれるゆえんです。

　行政学者は，両院での超党派の分権推進「決議」（1993（平成5）年）から機関委任事務の廃止を決めた「地方分権一括法」の施行（2000（平成12）年）に至るまでを第1次分権改革（団体自治の改革）と呼んでいます。

　そして，2003（平成15）年の自治体の財政改革を盛り込んだ「骨太の方針・2003」以降，税財源の分権と地方議会の改革を目標として現在も進められている分権改革を第2次分権改革（住民自治の改革）と呼んでいます（西尾勝「四分五裂する地方分権改革の渦中にあって考える」日本行政学会編『年報行政研究43』〔ぎょうせい，2008年〕，所収，参照）。

3．住民意思の尊重—議会改革に向けて—

　地方分権とは，先にも述べたように，住民にとって必要な事務事業を実施することに関し，それを実施するに必要な裁量権，すなわち，権限が住民に最も近い市区町村に移っていることでした。

　地方分権をこのように捉えるとき，二つのポイントがあります。

　ひとつは，ここでいう「実施するに必要な裁量権」の対象となるのは，住民の暮らしにかかわる事務ということです。住民に無関係な事務の権限が市区町

村に移っても，仕事が増えるだけで，住民にとって迷惑です。

　もうひとつは，中央省庁，都道府県，市区町村が対等な関係にあるということです。国と自治体との関係が対等であることによって，住民に近い自治体は中央省庁の過剰な関与を受けずに，住民の暮らしに必要な事務事業を実施できることになります。

　このふたつのポイントが意味することは，「住民の意思」の尊重ということです。そして，それを体現する機関としての地方議会の重要性です。

　日本の政治・行政は，第二次世界大戦後，民主主義体制へと大きく転換しました。日本国憲法はその第8章に，民主主義の基礎となる「地方自治」を明記しています。この憲法第8章第93条に，「議事機関としての議会の設置」と，議会の議員を住民が選挙で直接，選出すべきとする規程があります。

　厳密に言えば，議会の「設置」の部分は，「必置」と解するべきかどうかについて，学者の間にも議論はあります。しかし，議事機関とは，「重要な事項」について決定する権限を有する議会を意味し，「重要な事項」とは，条例の制定，重要な契約の締結，財産の取得又は処分，を指していることは間違いありません。

　つまり，憲法は，「重要な事項」についての意思決定を行う公選の議員からなる合議体を，議会と規程しているのです（地方議会の権能について詳細は，藤本一美『ネブラスカ州における一院制議会』〔東信堂，2007年〕を参照）。

　他方，憲法には自治体の首長（知事，市区町村長）について定めた条項はありません。

　最近，なにかと知事や市長のパフォーマンスが目立ちます。憲法の規程を見てもわかるように，本来は地方議会こそが住民の意思を表すものとして重要視されているのです。ところが，肝心の議会が首長，行政に対するチェック機能を果たせないできたために，行政の裏金や首長の談合汚職といった暴走を許してきたことは周知のところです。

　むろん，そこには戦前から引き継がれた首長優位の仕組みが戦後も改められずにきたという事情があります。そこで，第2次分権改革にあたる現在では，税財源の分権とともに地方議会を法的にも実態のうえでも立法機関にすることを目標にして，分権改革は進められているのです。

4．進む三位一体の改革

　2000（平成12）年4月1日施行の「地方分権一括法」が機関委任事務を廃止し，事務事業を実施するための権限を市区町村に移譲したことは，以上に述べたとおりです。

　しかし，事務の執行に必要な税財源の地方への移譲については，その推進を法案審議の過程では付帯決議するにとどまっていました。したがって，次なる分権改革の目標は税財源の移譲ということになったのです。

　2000（平成12）年12月に森喜朗内閣で自治相に就任した自民党参議院議員の片山虎之助氏（就任1カ月後に総務相）は，国と地方の税源配分，国の補助負担金の廃止，地方交付税交付金の改革，を三本柱とする三位一体の改革を打ち出します。その中身は，地方の税財源における自立性を強め，国の無用なコントロールを減らすこと，そうすることで，地方が自ら考えて政策の立案・実施ができるようにするということです。あわせて，そのことが行政改革につながることを期す，というものです。

　まず，国から地方への税源移譲については，国全体の税金の配分は国税が6に対して地方税は4という形でずっときました。2000（平成12）年の時点でも，3,200余りの市区町村と47都道府県の税配分は国全体の4割にとどまり，6割は国です。

　ところが，税に対応する仕事量では，地方の仕事は国全体の6割以上になっており，国の仕事は4割から3割強ぐらいというところです。地方は国全体の仕事のうち，6割以上の仕事をおこなっているのに，それに要する財源は4割で，しかも，この4割のうちの半分に当たる2割は国庫補助負担金と地方交付税交付金という国税です。

　したがって，より正確にいえば，国全体の6割以上の仕事をしている地方は，その仕事に要する自前の税財源が，国全体の2割ほどしかないという，地方自治にはほど遠いアンバランスな状態に置かれてきたのです。

　このようなことから，仕事をしている地方に税財源を与えなければ理が通ら

ないではないか，ということがひとつあります。(根本俊雄『都市行政と市民自治』〔敬文堂，2004年〕，参照)。

　ところがここには問題があります。地方への税源移譲は地方と国との仕事量の比から見てたしかに理があるのですが，しかし，自治体には経済力に格差があるため，税源移譲をすると経済力のある東京や一部の府県で税は増えるものの，東北，九州，北陸，四国，山陰の自治体は税財源が増えない可能性が高いのです。

　そこで三位一体の改革案では，2006（平成18）年度に向けて，まずは全体として5兆5千億円の税財源移譲をすることとして，その内訳については所得税（国税）から個人住民税（地方税）へ3兆円を移譲し，残る2兆5千億円については一般消費税（国税）をあてる。その際，消費税5％のうちの1％は地方消費税（地方税）ですが，これを2％にするという考え方です。

　一般消費税は1％がだいたい2兆～2兆5千億円といわれていますので，2％にすれば多いときは5兆円にもなりますから，先に述べた地方への税源移譲額，2兆5千億円分はまかなうことが可能になるという計算です。

　次に，国庫補助負担金の整理ということについては，先に述べた地方への移譲分3兆円に見合う金額を国庫補助負担金の廃止ということにするということです。しかし，いっぺんに廃止すると問題も予想されるので，当面1兆7千億円を整理することで折り合いをつけたのが，小泉純一郎内閣が終わろうとしている2006（平成18）年のことです。

　たしかに，このときまでには国から地方への移譲分をすべて整理はできなかったものの，1兆7千億円まで整理した分とを合わせた4兆7千億円分を国から地方へ移譲することになったわけです。なお，1兆7千億円分については，国庫補助負担分と地方交付税交付金分とを半々にして決着しています。

5．税源移譲の評価

　ここで三位一体の改革のうち，実現したものを改めて整理してみますと，地方への税源移譲の目標額は5兆5千億円でした。しかし，現実にはそこまでは

届かず，4兆7千億円で，これも整理が不徹底な部分もあって，正味でいえば1兆7千億円分です。そこで，移譲した額は4兆7千億円から，整理が不徹底な分1兆7千億円を引いた3兆円の移譲ということになりました。

これについては，目標とした5兆5千億円の移譲を果たせなかったとの批判がありました。だが，「3兆円の税源移譲などは戦後の地方税の歴史の中でできたことはなく，1千億円，2千億円で大げんかでした」（旧自治省出身の片山虎之助総務相，談）ことを考えれば各方面から与えられた一定の評価は妥当なものだったと思われます。

実際，国庫補助負担金を地方へ移譲することはたいへんむずかしいことがわかります。補助金があるから役所の課や部があるわけで，補助金がなくなれば予算が減り，権限もなくなり，ついには課も部もなくなります。中央官庁の公務員にとって補助金を手元におくか否かはみずからの死活問題なのです。その公務員が課に対応する関係団体といっしょになって抵抗してくるわけですから，税源移譲はかくもむづかしいことがわかります。

なお，国から地方への税源移譲について留意すべきは，地方分権のもとでも地方に対する財源保障と財源調整という国の役割は残ることです。それが地方交付税です。これは使途が国によってきっちり決められている国庫補助負担金とはちがい，地方の裁量によって使うことのできる財源です。

その役割は，地方の歳入と歳出の差額，言いかえると，歳出超過になったとき，その不足分を補うもので，その意味で，地方の財源を保証し，調整する役割を担うものです。地方に活力を与えるために，この交付税の役割はこれからも重要になると考えられています。

6．諮問機関の答申―議会権限の拡大―

分権改革を方向づけるうえで重要な役割を果たしているのが，内閣総理大臣の諮問機関です。そのひとつに地方制度調査会があります。地方制度調査会は「地方制度調査会法」という法律に基づき置かれているもので，地方制度に関する重要事項について調査・審議する機関です。

「地制調」と略称されることもあり，1952（昭和27）年以来，答申をだしてきました。2007（平成19）年7月に，安倍晋三内閣のときですが，第29次地制調が調査・審議をおこなっています。このときの答申では，「平成の市町村合併」の評価・検証，分権を推進する中での自治体における監査機能の充実・強化，そして分権により自治体の責任領域が拡大することから，「地方議会のあり方」が，その制度改正や運用の改善の視点から提言されています。

このうち，監査機能とは，自治体の裏金づくり，公共事業に関わる談合汚職などに対して，チェック機能を果たせなかった自治体の現状にかんがみ，チェックする制度として独立した監査委員制度が必要とのことから議論されたものです。この監査機能に関する議論は議会がその本来の役割を果たしていない現状を踏まえてできたわけですから，結局，議会を本来の姿にするにはどうすればよいか，という自治立法権に行きつく課題といえます。

地方制度調査会のほかには，安倍内閣のときに発足した地方分権改革推進委員会（丹羽宇一郎—伊藤忠商事会長—委員長）があります。2007（平成19）年4月に発足し，任期は2010（平成22）年3月までです。有識者7名からなるこの委員会では第1次分権改革で残された，国の法令等による事務の義務付けについての審議を行っています。

従来，国は法律，政令，省令といった法令によって地方自治体の事務執行を縛ってきたわけです。これを「国の義務付け（国の法令等による事務の義務付け）」といっています。また，国が事務執行の執行方法に介入してきました。これを「枠付け」といいます。「国の義務付け」と「枠付け」とが残るかぎり，自治体は自らの地域に必要な条例をつくることはできません。

そこで地方分権改革推進委員会では2007（平成19）年11月に，福田康夫内閣のときに，国の義務付けと枠付けを見直すこと，そして，自治体の条例制定権を拡大すること，を課題としてあげたわけです。つまり，自治立法権の拡充を目ざすことを目標としたのです。

地方分権改革推進委員会については，本章9．の国直轄事業負担金に関する節と，本章末の〈質疑・応答〉のところでも出てきますので参照して下されば，と思います。

7．決断！　道路特定財源の一般化

　こんどは地方分権がわたしたちの暮らしにどのように影響を及ぼしているか。具体的な政策を例にとって，そのいくつかを見てみましょう。

　まず，道路特定財源の一般化です。

　福田康夫内閣のときに道路特定財源を一般化すべきかどうかの議論がおこりました。これは使い途を道路建設に限っている財源について，道路だけでなく，医療，福祉，教育などにも使えるようにする（一般化する）べきだ，という議論です。

　ことに，特定財源の地方費分については早急に一般化すべし，との声が民主党など，当時の野党からでていました。たしかに，財源を道路以外の施策にも自治体の判断で使えるならば，「地方の自立」である地方分権の趣旨にかなうといえます。

　これに対しては，自民党の道路族議員と国土交通省からの強い抵抗がありました。しかし，意外だったのは，地方分権を強調する知事や市長のなかに，一般化は認められないとする人たちがいたことです。その言い分は，ようやく地方に道路を，という今になって財源を一般化すれば，財源の一部がほかの施策のために使われてしまい，道路整備が遅れるという主張でした。

　この点については，私事を差しはさむことになり恐縮ですが，わたくしの体験的感想を述べてみます。

　わたくしは1980（昭和55）年以降，石川県，宮崎県でそれぞれ十年以上，暮らしてきました。東京で生まれ育ったわたくしにとって，この歳月は日本の政治と行政，そして経済を考えるうえでたいへん貴重な経験になりました。それは多少なりとも，地方から政治や行政を考える視点を持つようになったからです。

　わたくしは1991（平成3）年6月から93（平成5）年3月まで，通商産業省・九州通商産業局（九州通産局）が主管する南九州東南部地域調査計画委員会の委員でした。福岡市博多区と鹿児島県鹿屋市のそれぞれの合同庁舎でおこ

なわれた委員会では，わたくしを含め数名の委員が数回にわたり宮崎県と鹿児島県の地域問題を政治，行政，経済の面から研究・討議したのです。鹿児島大学で経営学が専門の先生が委員長でした。

この委員会で道路づくりが地域経済の発展につながるかが，議論になりました。宮崎県延岡市と大分県佐伯市との県境に，難所である宗太郎峠があります。この峠にトンネルを掘り，高速道路をつくれば宮崎県の経済は活性化するか，というテーマでした。さまざまなデータが出され，それらを分析・検証したわけです。

このとき，興味深くもあり，今もはっきり覚えていることは，高速道路は地域経済の活性化をうながす必要条件ではあるものの，十分条件にはならないという結論でした。わたくしは今も，この結論は的を得ていると思っています。

高速道路はあれば，速くて便利で，そのうえ快適です。宮崎市と都城市との間，約50kmを宮崎自動車道（高速道路）で数え切れないほど往復したわたくしも，このことは実感します。高速道に入れば35分間ほどの所要時間です。だが，カーブの多い在来の国道269号線では20分ほど余計にかかります。しかし，20分ほどの時間が短縮されることと，地域の経済が発展することとの間には，必ずしも相関関係はないという結論でした。それどころか，経済や産業をそのままにして道路だけが整備されれば，宮崎県から大分県，福岡県へ人が流出するストロー現象がおこる懸念が委員会で語られていました。

実際，宮崎自動車道が宮崎―都城間の開通で全線開通したのは，30年前の1981（昭和56）年10月ということです。そして今も，宮崎県だけではありませんが，地方の疲弊がいわれているのです。どこまで道路が整備されれば，地方の経済は活性化するのでしょうか。道路だけの問題ではないということでしょう（武藤博巳『道路行政』〔東京大学出版会，2008年〕，参照）。

ところが，委員会での結論から20年たった今も，「宮崎県の活性化のためには，最低限，道路の整備が欠かせない」，「道路特定財源は絶対必要」という声がマスコミを通して聞こえてきます。しかも，国費分だけでなく，地方費分についても，「道路特定財源化，堅持」の声を聞いて，わが耳を疑いました。

これは，財源を道路整備にだけ使えるように特定化してほしい，という考え方で，地方がそれぞれの必要に応じて福祉や教育などにも使えるようにしよう

という地方分権とは真っ向から矛盾します。人の言動にはそれぞれの立場があるから、軽々しくその是非を論評したくはありません。ただ、こうした声を聞くと、40年以上も前の、高度経済成長時代の中央集権的発想に浸っていることを感じさせられてしまいます。

この問題の核心は、住民の多くが、財源の特定化を維持して、道路整備の最優先を望んでいるのかどうか、というところにありました。福田首相は、自民党道路族議員と国土交通省の強い抵抗のなか、ぎりぎりのせめぎ合いのなかで、「福祉、教育にも財源を使えるよう、分権の推進を」という世論をバックに「一般化」を決断したのです。この決断は、大局を見すえた福田氏ならでは、ということではなかったか、と思います。

むろん、公共事業がすべて悪いわけではありません。地方が疲弊しているときには、即効性の高い公共事業は必要（『読売新聞』2010（平成22）年1月1日、3頁の社説）という考え方もあります。しかし、住民の就業者の10人に1人が建設業に携わっているような地域がある現状は直さなければならないでしょう。道路を建設しても、その道路が利益を生むよりも、維持管理費として多くの財源を食っていくからです。

鳩山由紀夫内閣が2010年度予算案で、福祉部門の予算を前年度比9.8%増の27兆3千億円とし、これに対し、公共事業の予算を前年度比18.3%減（1兆3千億円を削減）の5兆7,700億円としたのも、そうした理由からではないでしょうか。公共事業を従来と同じ予算規模で続けていくことは、国、地方の借金をますます増やすことになると判断したのでしょう。要はバランスの問題です。予算配分の見直しが不可欠になったゆえんです。

「予算をどう奪うか」から「限られた予算をどう活用するか」への転換が、地方にも求められる時代になったのだと思います。

8．迷走する定額給付金
―自治事務？ それとも法定受託事務？―

2008（平成20）年9月に発足した麻生太郎内閣は、きたるべき総選挙対策の

ひとつとして，同年10月末に国民一人あたり1万2千円の定額給付金を給付する方針を表明しました。定額給付金は福田内閣のときに決まっていたものです。この給付金については主に次の論点がありました。

　まず，給付金の給付目的が景気刺激策か，生活支援策か，はっきりしないこと，第二に所得制限をするのか，しないのか，これもはっきりしません。第三に，麻生内閣は給付金の「給付」を自治事務と位置づけました。しかし，給付事務作業の担当を市区町村とすることにしたため，自治事務ではなく，国の事務を代行する法定受託事務ではないか，との疑問がだされたことです。

　この第三の論点を少し詳しく見ますと，次のようになります。

　市区町村にとって自治事務は自らの判断でできる事務，つまり，する必要のないときはやらなくてもいい事務であり，そのときの実状にあわせておこなう事務です。ですから，定額給付金が自治事務というのなら，市区町村の考え方次第では，給付業務はやらなくてもよい事務になるわけです。

　ところが麻生内閣は，一方で，定額給付金の給付を自治事務といいながら，他方で，実際の給付事務は市区町村が「やらなければならない事務」としました。これではつじつまが合いません。2009（平成21）年1月の衆議院予算委員会で民主党の仙谷由人氏（2010（平成22）年2月現在，公務員制度改革担当相）は「定額給付金の給付事務は，自治事務ではなく，法定受託事務ではないか」と鋭く質問しました。これに対して鳩山邦夫総務相（当時）は，くり返し「自治事務」と答えていました。ということは，市区町村側にとって，「やってもやらなくてもよい事務」，すなわち「自治事務」なのに，麻生内閣からは「やらなければならない事務」として押しつけられていることになります。

　市区町村にとっては，本来，自治事務でもないのに，給付事務をさせられるわけです。だが，もし，給付に際して住民との間にトラブルなどが発生した場合には，自治事務ということですから，市区町村自らが責任を負わなければならない羽目になるという実に不可解で不都合な事務になるわけです。

　要するに，麻生内閣がいうように市区町村を通して住民に給付するということならば，これは法定受託事務にしなければ，筋が通らない。

　わたくしは予算委員会でのやりとりをNHKテレビ（2009年1月8日中継）で見ました。この点を仙谷氏に突かれた麻生首相と鳩山（邦）総務相の答弁は

しどろもどろに終始しました。このやりとりをインターネットの動画サイトで見たという大学の教え子は、わたくしに「議論は仙谷氏の圧勝でした」との感想をもらしたほどです。

　麻生首相は総務相のポストを経験していたわけですから、こうしたことについて理解はあったと思うのです。だが、地方分権に対する配慮が伝わってきません。定額給付金の給付目的や所得制限の有無についても二転三転してはっきりしないままでした。

　麻生内閣は、自治事務か法定受託事務か、という国と地方の権限にかかわる問題の根幹について、きちんとした判断を示すべきだったのではないかと思います。そうすることは、給付目的や所得制限の有無に関する論点を明確にすることにもつながっていったと考えられるからです。

　麻生内閣はそうした配慮に欠けたため、定額給付金は「天下の愚策」だとか、「分権に逆行する刹那的政策」、はては「お金をもらうのに喜ばれない給付金」などと散々にいわれ、内閣支持率の低下に拍車をかけることになってしまいました（『都市問題』Vol.100, No.3,〔東京市政調査会〕,参照）。また、踏み込んでいえば、麻生首相、鳩山（邦）総務相の論理矛盾した答弁をテレビなどで見聞した国民のなかには、麻生内閣への信頼感が揺らいでしまった人たちも少なくなかったのではないか、そう思わざるをえない光景でした。

9．国直轄事業負担金への異議申し立て

　2009（平成21）年6月以降、来るべき総選挙の時期を巡り麻生内閣が揺れていたとき、国の直轄公共事業の負担金（以下、国直轄事業負担金と呼ぶ）に対する府県知事および全国知事会からの異議申し立てが、地方分権との関わりから注目され、議論になりました。

　国直轄事業負担金とは、中央政府が実施する道路事業、河川事業等の国直轄事業の費用負担の一部を都道府県に求めるものです。2009（平成21）年度の国直轄事業負担金は総額1兆260億円で、内訳は道路が5,063億円、土地改良事業などの農業関係が2,400億円、河川1,382億円、ダム644億円、港湾422億円、砂

防262億円，都市公園81億円などとなっていました（北沢栄「制度の見直し・廃止でこの国の形が変わる」『都市問題』Vol.100，No.12，〔東京市政調査会〕，6頁）。

　国直轄事業負担金は古く1898（明治30）年に始まり，日本の近代化を進めるために道路，港湾などの建設をおこなうために用いられてきました。この負担金は道路，港湾などをこれから整備していこうという時代には，整備することによる住民の受益とそれに見合う応分の財政負担という面から，合理性があると考えられてきました。

　なにごとによらず，始められるときは，みな良いものです。しかし，戦後になり昭和30年代初めころには自治体側からこの負担金が自治体財政を圧迫するとの理由で，見直しの要望がだされるようになりました。

　ただ，当時は戦後の復興から高度経済成長の時代にあたり，政官財の三角同盟による公共事業の推進が図られていくときでしたから，自治体側からのこの要望は正面から取り上げられることはありませんでした。

　しかし時は移り，地方分権改革が将来の「国と地方のかたち」を決める重要課題となっている今，公共事業に限らず，事業の実施には納税者の意思を軽視することはできません。納税者の意思を反映することなしに，中央政府が自治体に負担金を当然のように課すことは，改めなければならなくなっています。

　この負担金の問題点は，なんといっても国直轄事業による住民の受益に対応する地方の負担金に合理性があるかどうか，にあります。道路や河川，砂防などの整備を国の直轄事業としておこなったとき，それによって，住民の利益はたしかに生まれます。だから，住民の受益分について応分の負担をすべきという考え方は一応の合理性があります。「一応の」と言ったのは，国が一方的に，住民の利益になる，として事業を強行し，地方に負担を求めてくるという非合理なことも考えられるからです。

　地方の負担が合理的かどうか，を測るためには，地方の受益をどのように測定し数値化するか，ということになるでしょう。たとえば，国道については，実際の交通量調査で路線ごとに決めるのか，できないことはないでしょうが，それを地方の受益にどこまで関連させるのか，ということになると，専門の学者の間でも意見が分かれそうな気もします（今井勝人「直轄事業分担金に関す

る論点整理」『都市問題』Vol. 100, No. 12,〔東京市政調査会〕, 14-17頁)。

　また，国直轄事業の地方負担は中央の地方に対する「ボッタクリ」あるいは，「奴隷制度」と批判されました。その背景には，負担金が目的外の営繕費として使われていたり，中央省庁が地方に事前の相談や話し合いさえしてこなかったことがあげられています。

　この負担金の問題に対して，麻生内閣が具体的な解決策を提示したということはなかったように思います。民主党がマニフェストに，「国と地方の協議の場」を法制化することを打ち出したのとは対照的です。

　鳩山内閣の発足後，この負担金の問題に関連して，地方分権改革推進委員会が，2009（平成21）年12月11日に，委員長名（丹羽宇一郎氏）で鳩山首相に出した「緊急声明」があります。

　その内容は，2010（平成22）年度予算で，国直轄事業負担金にかかわるもののうち，道路，河川の維持管理負担金については，その廃止を明確にうちだすとともに，この負担金の改革に向けて，ただちに工程表を作成することを求める，というものです。

　この緊急声明がだされた背景には，鳩山内閣のもとで始まった事業仕分け・「国直轄事業負担金制度に関するワーキングチーム」の対応に懸念すべき点が生じてきたことがあります。国土交通省は事業仕分けに臨むに際し，同省が主管する道路，河川の維持管理負担金のうち，「修繕」にあたる部分は，実際には高額な経費を要する「改築に近い」工事になるとして，地方にも経費の負担を求めてきました。

　このため，事業仕分けのワーキングチームが国土交通省の言い分をのまされるのではないか，との懸念がでてきたわけです。

　そこで，地方分権改革推進委員会は，委員長の「緊急声明」として，そもそも国土交通省の言う「修繕」という概念そのものが不透明な経費を地方に負担させる一因である，としました。そのうえで，「緊急声明」は，維持管理負担金の廃止を先送りにしないよう鳩山内閣に要望するとともに，国土交通省にクギを刺したわけです。

　「緊急声明」は，もし「改築」のための予算の財源が不足するということであれば，国土交通省が自ら「徹底的なコスト縮減をおこない，その縮減分を事

業費に充当するのが筋である」と結論づけています。

ここに見たのは，地方が経費の一部を負担すべきだ，という論理に正当性を与えるため，「修繕」を「改築に近い」と言いかえる官の論理の一例です。

しかしながら，こうした論法を用いる「官」の責任だけを問うことはできません。そうした官の論理をくつがえすだけの論理を展開できないような人物を，選挙で議員や首長に選んでいるわたしたちの責任でもあるからです。

10.「子ども手当」—マニフェストと現実の狭間—

鳩山由紀夫民主党・社民党・国民新党連立内閣が2009（平成21）年9月に発足しました。民主党がマニフェスト（政権公約）にかかげた「子ども手当」は「コンクリートから人へ」という民主党政策の象徴と捉えられています。

子ども手当について知るためには，この前身である「児童手当」が参考になります。児童手当の理念は次の4点にあります。まず，児童の権利に基づく児童福祉という観点です。第2が，家計に占める児童養育費の一部を社会的に分担し，家計負担の軽減を図る所得保障です。第3は，将来の生産力である若年労働力の確保，そして第4が，人間能力の開発と賃金体系の合理化です。

つまり，子どもを一家庭だけの存在にとどまらず，社会全体の存在と考え，社会全体で子どもを支え，育てるという考え方です（根本俊雄「福祉政策の政治過程—児童手当制度の発展と展開」中邨章・竹下譲編著『日本の政策過程』〔梓出版，1984年〕，所収，参照）。

民主党のかかげる「子ども手当」もこの児童手当を踏まえたものです。

自民党は児童手当の増額や支給対象年齢の引き上げについて，財源上の制約をあげ，理念はわかるが実現はむづかしい，として，これを真正面から議論してきませんでした。児童手当に限らないのですが，近年における自民党と公明党の連立政権の政策対応については，理念が現実に負ける，のくり返しになっていました。とりわけ自民党には，理念に少しでも近づけようという気持ちを持って，厳しい財政状況のなかでもなんとか工夫しながら実現に向けて努力する姿勢が見られなくなりました。

さて，政権交代し，鳩山内閣になって「子ども手当」をどのような内容で実施していくかを決めるうえで重要なのが，当面する2010（平成22）年度の予算です。この点について日本の税収を見てみますと，1990年代半ばの単年度での歳入は，ほぼ50兆円でした。こんど鳩山内閣の組み立てる2010年度の予算は歳入37兆円ということです。民主党は，政権を担当する直前までは，歳入46兆円を見込んでいましたから，予想を9兆円下回る税収減です。鳩山内閣にとって，これほどの税収減は想定外のことだったようです。

　そして，37兆円では足りないということで，これ以上はできないぎりぎりの線である44兆円の国債発行（借金）をして2010年度の予算を組まざるをえなかったことは周知のところです。

　そうしたなかで，鳩山内閣は2009年12月25日の臨時閣議で2010年度予算案を決定しました。子ども手当については，支給対象は中学校卒業までの子ども1人当たり月額1万3千円で，総給付費は2兆2,500億円になっています。マニフェストでは1人当たり2万6千円ですからその半分です。それでも，総給付費は2兆円を超えるというのですから，たいへんな額です。

　2兆2,500億円のうち，国の負担分は1兆7千億円ということで，鳩山内閣は地方にも負担を求めました。これに対して，「地方が負担することには絶対反対，全額を国で負担するのが当然。マニフェスト違反」と強く反対する知事や市町村長がいます。たしかに，民主党のマニフェストには財源の裏づけが明確でないところがあります。このことは今後の課題でしょう。

　しかし，この制度の趣旨である，「子どもは一家庭だけの存在ではなく，広く社会的な存在」，ということを考えれば，地方が応分の負担をすることは，理由のあることではないかと思います。しかも，鳩山内閣は，地方税をテコ入れするために，地方が自主的に使える地方交付税について1兆1千億円を増額して，16兆8,935億円にすると閣議決定しているのですから。

　マニフェストの重視ということでいえば，鳩山内閣は子ども手当を最終的に，子ども1人あたり2万6千円にできるかどうか，が問われるでしょう。消費税は今後4年間はあげないといっていますので，総給付費5兆円という巨額の財源をどう確保するのかが，注目です。

11.「コンクリートから人へ」の政策転換

　鳩山内閣の使命は「コンクリートから人へ」の政治に転換すること，これに尽きるということでしょう。日本は道路，ダム，地方空港建設などの公共事業でわたしたちの暮らしが良くなることはなくなりました。むろん，公共事業がすべて良くないということではありません。しかし，財政面からも，公共事業にこれまでのように税金を注いでいたら，医療，福祉，子どもの教育，環境といった，人にかかわる政策ができなくなってしまいます。

　たとえば，介護（介護保険）です。「平成の市町村合併」の目的のひとつは，介護保険による介護ができるように，市町村の行財政基盤を強化することでした。介護を実施するための器（うつわ）造りです。そのための市町村合併はかなりの程度まで達成され，こんどは介護の現場で介護保険士の方々が介護に専念できるようにするための環境整備が課題になっています。

　介護の現場を担う1級介護保険士（国家試験の合格者）は50万人いるといわれます。このうち，実際に仕事に就いている実働者は現在，半数の25万人にとどまっています。その主な原因は，低い報酬と過重労働です。報酬を引き上げ，その結果，仮に40万人の介護保険士が実働するとして，保険だけでは賄いきれない費用をどのように捻出するか。際限のない道路造りに税金を投入していたら，とても介護（介護保険）を充実することはできません。このこと一つをとっても，予算配分を変えなければならないことは明らかです。

　また，公共事業から，農業，福祉，環境，サービス産業への転換を図るためには，公共事業にかかわる仕事に就いてきた方たちが安心して，福祉，環境などの分野に移ってもらえるよう，政策を打ち出すことが不可欠です。そして，そのための費用もかかります（日本地方自治学会編『公共事業と地方自治』＜地方自治叢書13＞〔敬文堂，2000年〕，参照）。

　費用が不足するときにはムダを省くというのが民主党のマニフェストでした。そこで，ムダを省き，財源の再配分をおこなううえで注目されたのが，事業仕分けです。事業仕分けは，2009（平成21）年11月10日から始まり，同月27

日に終了しました。

　事業仕分けを見るうえで留意すべきは，ムダを省くこととともに，経済の成長戦略を描けているか，という点です。予算には筋（スジ），枠（ワク），バランスの三つが重要になるといわれます。筋とは行政種目をいい，枠とは予算配分，そして，バランスとは必要な行政種目に妥当な予算の配分をすることで，経済全体の成長を促すということです。

　野党・自民党は民主党の事業仕分けについて，行政種目について事業予算をカットしていく「筋」の部分に手をつけただけで，経済成長を促すバランスある予算配分がなされていない，と批判しました。これに対して，民主党は経済の成長の戦略はやらないとした上で，バランスの重要性をいう自民党政権がなぜ，国と地方を合わせて800兆円もの借金をつくったのか，との反論をおこなっています。これに対する自民党の再反論は，わたくしの知る限り，いまのところみられません。

　ただ，事業仕分けをすれば全体として，9兆円のムダを省けるとしていた民主党でしたが，実際に省けた金額は6～7千億円にとどまっています。

　なお，予算は3回は組まないと成果は表れないといわれます。ということは，3年間の予算組みと，その成果を見て，4年目に評価するということになります。

　いずれにしても，事業仕分けをする際には，ムダを省くという考え方とともに，成長戦略の代りになるものをださないと，活力ある社会が生まれてこないと考えられます。また，事業仕分けは，防衛や科学技術というような，国家の存立にかかわる機密性や専門性の高い行政種目には向かないと思われます。事業仕分けにはこうした限界があります。だが，わたしたちの暮らしに身近な事業のムダを精査する点では有効な方法と考えられます。

　都道府県，市区町村とも長期にわたる自民党政権下で，自民党に合わせた予算組みをしてきたわけですから，公開の場で事業仕分けをしたら多くのムダが出てくることは必定です。そこで自治体こそ，公開の，そして，第三者を交えた事業仕分けが必要になるでしょう。自治体が自ら進んで事業仕分けをしていくか，わたしたちはこの点についても注視していく必要があります。

12. 分権と自治の調和―集権と分権，集中と分散―

　巷間，あまり話題にならないものの，極めて重要な論点があります。地方分権と地方自治の調和をどこに求めるか，というテーマがそれです。これまで見てきたように，国の自治体に対する関与を縮減・廃止し，分権を進めていけば，自治体の自由度は拡大します。

　しかし，ここには注意しなければならないことがあります。それは，自由度が拡大するのであるから事務を中央省庁から自治体へどんどん移譲してもよい，ということにはならないということです。それというのも，自治体に義務づける仕事を増やしていくと，分権の拡充にはなりますが，自治の拡充になるとは限らないからです。

　なぜなら，国から都道府県，都道府県から市区町村へ事務をやみくもに移すと，自治体の仕事量がその行財政能力を超えて増えすぎ，自治体が自らをコントロールするという自治がそこなわれるおそれがあるからです。そうなると，手段としての分権と目的としての自治が対立することになるのです。つまり，なんのための分権か，ということになってしまいます。

　ここに分権と自治の調和というテーマがでてくる理由があります。そこで，分権と自治を調和させるという観点から行政システムを考えるうえで参考になるモデルがあります。それは，政府体系を構成する中央政府と地方政府を軸にした集権と分権，集中と分散とを組み合わせた分析モデルです。

　この分析モデルでは，行政サービスの提供業務の決定権が中央政府にある度合いが強ければ集権的なシステムであり，地方政府にある度合いが強ければ分権的なシステムとされます。また，行政サービスの提供業務が中央政府に留保されている度合いが強ければ集中的システムで，地方政府に留保されている度合いが強ければ分散的システムとされます。

　この集権と分権，集中と分散の両軸の組み合わせで行政システムを類型化すると，アメリカ合衆国は決定権も留保も地方政府にある度合いが強いので，分権的分散システムとされています。一方，日本は決定権は中央政府が強く，留

保の度合いは地方政府が強いので，集権的分散システムといわれます。

　そして，日本の行政システムは総じて分散的システムが進み，自治体に行財政能力の限界を超えた事務量が過剰に義務づけられているといわれます。他方，決定権の自治体への移譲である分権は必ずしも十分ではありません。

　したがって，もし，日本の行政システムを先進諸国並みの分権的分散システムに近づけようとするならば，行政サービスの事務量をさらに多く自治体に移すのではなく，サービス業務の決定権を自治体に移すことが重要になるわけです。分権を考えるときだいじなことは，中央から自治体に移譲するのは，仕事の量ではなく，決定権だということです。

　要するに，中央の事務を地方に移譲するだけであればそれは分散であって，分権ではない。地方自治を実現していくために必要なのは，あくまでも決定権の移譲である分権です。このあたりの理解が十分になされないままに，「分権」のかけ声だけを高くして良しとするならば，分権改革ほど楽な改革はありません。地方自治が損なわれることのないように配慮して，地方分権を進めなければならないから，分権改革は簡単ではないのです。

　以上のことを踏まえて，適正な量の事務移譲（分散）とともに，「決定権」の移譲が分権であるという基本に立つためには，集権と分権，集中と分散の両軸をきちんと理解しておくことが必要です。こういうことを見ても，実践としての「分権」は決して単純なものではないことがわかります。

13. あらためて「地方分権」を理解する

　「地方分権」が流行して，テレビなどを通じて取り上げられることが多くなりました。見聞していますと，良質な内容のものもあります。また，首をかしげるような内容も散見されます。そのひとつは，分権を単純化して視聴者に供する傾向が見られることです。視聴者のなかには，歯切れのいい，一見，矛盾のないかのような分権像を提供する映像を見ていると，分権が万能薬のように思われる方もいるかもしれません。

　しかし，わかりやすいことと，単純とは似て非なるものです。これまで見て

おわかりのように、「分権」の内容は決して単純ではありません。戦後60余年を経て、ようやく現在の段階にたどりついているのですから、それは当然のことです。

　そこで、あらためて分権を正確に理解するという点から参考になるのは、アメリカ合衆国を代表する優れたジャーナリストでありコラムニストだった、ウォルター・リップマンの著した『世論』(1922年) です。この著作は、大衆社会化した現代におけるメディアの意義を説いたジャーナリズム論の、現代の古典ともいうべき名著です。

　リップマンはこのなかで、人は複雑な事態に直面すると、往々にして自ら考えるという労力から逃れ、すでにできあがった既成の観念を通して物事を見るという安易な道を行きがちだと言っています。今日でいえば、たとえば、日本の地方政治の構造を実証的に検証することもなく、自明であるかのように「保守王国」と言って疑わない心理です。

　リップマンは、人間のこのような心理を「ステレオタイプ（行動や考え方が固定的・画一的なこと）」と名づけ、人はしばしば単純化されたイメージやフィクション（虚構）に基づいて、見たり判断したりするワナ（罠）に陥ることがある、と警告しています。自分でも気づかぬうちに現実から目をそらし、偏見に陥る、ということです。

　地方分権についても同じことがいえます。政治や行政の現場に表れる事態が複雑であればあるほど、万能薬としての分権論が登場します。目の前に自治体の行財政改革など、なすべき具体的な課題が山積しているのに、その課題を解決するための地道な努力をせずに、観念としての分権がすべてを解決してくれるかのようにでてくる政治的言動がこれです。

　しかし、実際にはどんな政策でもただ一つの施策、本章の文脈でいえば、「地方分権」が問題を一挙に解決することなどはありえません。わたしたちはステレオタイプ化したスローガンとしての分権に惑わされてはならないでしょう。

　重要なことは、「分権」をスローガンとして叫ぶことではなく、先人が苦労のなかで推し進めてきた分権の内容を冷静に多面的に理解することにあると思われます。そして、わたしたちの暮らしに深くかかわる財政、医療、雇用、福

社，教育，環境等をより良くするために，分権をわたしたちが活用していくことです。そうした観点から，政府，政党をはじめ，知事，市長らが分権でわたしたちの暮らしをどこまで安全にしたか，厳しく注視していきたいものです。

〈質疑・応答〉

〈質　問〉
　全国知事会やタレント知事らが昨年（2008年），中央から地方に税源移譲するよう，さかんに求めていました。税源移譲になったとき，知事と議会との関係はどうなるのでしょうか。
〈回　答〉
　国から地方へ税源を移譲することはむろん必要なのです。ただ，ここには注意が必要です。それというのも，現状では税源移譲だけが進むと，知事が事実上，財源を握るおそれがあるからです。鳥取県知事を務められた片山善博氏もいわれているように，知事は中央省庁との関係でいえば権限，財源の面で弱い立場でしょうが，しかし，地元に戻れば議会に対しても，公務員に対しても強い権限を持つお山の大将なのです。
　知事をチェックする議会の権限を強めずに，中央から権限，財源を地方に移せばそれらは知事の下に集中し，知事の独走体制になってしまいます。権限や財源の地方への移譲を声高に主張する一部の知事や全国知事会の言い分は，かれらにとって都合のいいものになる可能性が高いのです。知事の独断や談合汚職などが発生するおそれがあります。これまでも，首長の見通しの誤りから，税金が無駄に使われるケースはあとを絶ちませんでした。
　今，まずなさねばならないことは，知事や行政部の独走・暴走を許さない議会の権限を強める住民自治の充実であり，そのために必要な地方自治法の改正です。「知事の，知事による，知事のための地方分権」にならないようにわたしたち住民も厳しく監視することが必要です。

〈質　問〉
　2010年以降の分権改革の方向は，具体的には，どのような中身になることが

予想されるのでしょうか。

〈回　　答〉

　これからの地方分権改革の方向を考えるうえで参考になるのは，本章の6．諮問機関の答申，においても触れた地方分権改革推進委員会の勧告です。この委員会は2008（平成20）年5月から2009（平成21）年11月まで4次にわたって福田康夫，麻生太郎，鳩山由紀夫の各内閣総理大臣に勧告を手交しています。その内容を見ますと，当面の課題と中・長期の課題とからなっています。

　当面の課題は，5点ほどあります。ひとつは国の出先機関の見直しを進め，国と地方の二重行政の弊害を是正・除去すべきことです。そこには当然，国による義務付け・枠付け条項の見直しも含まれています（国による義務付け・枠付けの意味については，本章6．諮問機関の答申，で述べています）。第2は条例制定権の拡大と地方自治関係法制の見直しで，自治立法権の拡大を実現することです。

　第3は「国と地方の協議の場」について法制化すべきこと，そして麻生内閣のときに問題化した国直轄事業負担金の改革です。第4は自治体財務会計における透明性の向上と自己責任の拡大です。この第3と第4にあげた課題はいずれも，地方政府抜きに中央省庁が勝手に政策の立案，執行ができないようにする歯止め策です。そして，第5には地方財政の窮状にかんがみて，国が地方交付税の総額を確保すべきことをあげています。

　一方，中・長期の課題としては，自治体における課税自主権の拡充，財政規律の確保，国庫補助負担金の整理をあげています。要するに，地方税の充実ということです。

　地方分権改革推進委員会の勧告に対して，内閣の「尊重義務」規程はありません。これからの内閣が，以上の勧告の実現に向けてどこまで真摯に取り組んでいくか，注目していきたいと思います。

第3章 自民党の環境政策
－漂着ごみ対策を事例として－

（宗像　優）

1. はじめに

　大量かつ多様なごみが海上を漂流し，また海岸に漂着することによって，近年，わが国において，海岸機能の低下や景観の悪化，船舶の安全航行への障害，漁業への被害，自然環境の破壊など，多方面にわたって様々な影響が生じています。また，それら漂流・漂着物のなかには，有害物質を含むものや外国由来のものが多数存在していることも確認されています。

　陸上や河川，海上（船舶等）などを発生源とし，海上を漂流して，各地の海岸に漂着するごみのことを，「漂流・漂着ごみ」と呼ぶことが多いのです。本報告では，煩雑さを避けるため，基本的に「漂着ごみ」と言います。最近では，「海岸漂着物」という用語も使われます。漂流・漂着したごみが海中に沈んでいることも全国各地で確認されており，これを「海底ごみ」と呼び，そして，漂流ごみ・漂着ごみ・海底ごみを「海ごみ」あるいは「海洋ごみ」と総称する場合もあります（なお，参考文献・資料に「ゴミ」と表記されている場合，固有の名称としてはそれにならいます。だが，原則として本章では，「ごみ」と記しています）。

　海流や地形などの影響により，一部の地域に大量のごみが漂着しています。漂着ごみによって被害を受ける地方自治体にとって，その対策は，いまや行政上の取組み課題の1つとなっています。漂着ごみ問題の解決のために，地方自治体への財政的支援や発生源対策といった施策の整備・充実化などが求められ

ているのが現状です。そうしたなかで，海岸の清掃活動に長年取り組んできた佐藤丈晴酒田市議会議員が，漂着ごみのクリーンアップキャンペーンなど様々な活動を行っているNGO「日本環境行動ネットワーク」（以下，「JEAN」と略）とともに，漂着ごみ対策に関する立法化の必要性を，国会議員などに訴えてきました。その結果，2006年に，自民党政務調査会に「漂流・漂着物対策特別委員会」が設置されました。なお，佐藤市議は，2008年7月に，漂着ごみ問題に関心を寄せる地方議会議員など約50名と「海ごみ対策推進地方議員連盟」を設立し，JEANと連携して，漂着ごみ対策に関する政策の提言などを国会議員や関係省庁に対して行ってきました。

「漂流・漂着物対策特別委員会」は，2009年4月，海ごみ対策推進地方議員連盟やJEAN，地方6団体からのヒヤリングなどを通じて，漂着ごみ対策法の与党案をまとめました。そして，同年7月に，議員立法として提出された与党案は衆参ともに全会一致で可決され，「海岸漂着物処理推進法」（美しく豊かな自然を保護するための海岸における良好な景観及び環境の保全に係る海岸漂着物等の処理等の推進に関する法律）が施行されました（「議会改革リポート〔変わるか！　地方議会〕超党派の地方議員が連携し，国の法制化に関与――海ごみ対策推進地方議連」『ガバナンス』No.105〔ぎょうせい，2010年1月〕，134－137頁）。

これまで漂着ごみ問題は，主としてNGOや地方自治体により対応されてきました。しかし，上述のような経緯もあって，昨今，ようやく国レベルでも本格的な対策が講じられるようになったのです。

そこで，本章では，自民党の環境政策の1つの事例として，漂着ごみ対策を取り上げて検討します。まず最初に，漂着ごみの現状とその影響を概観し，次に，地方自治体と国の対策を確認します。そして最後に，漂着ごみ対策における課題を指摘したいと思います。

2．漂着ごみの現状と影響

(1) 漂着ごみの現状

　漂着ごみに関する代表的な調査結果を取り上げて，その現状を確認します。環日本海環境協力センターが，2005年4月から2006年3月までの間に実施した漂着物調査によれば，調査で採集された漂着物の総重量は1,304kgで，総個数は16万289個でした。その内訳を重量別で見ると，図1のように，「プラスチック類」(579kg，総重量の44.4％)が最も多く，続いて「その他の人工物」(322kg，同24.7％)，「ガラス・陶磁器類」(160kg，同12.3％)，「ゴム類」(67kg，同5.1％)の順となっています。

　漂着物の内訳を個数別で見ると，図2のように，「プラスチック類」(11万6,896個，総個数の72.9％)が最も多く，続いて「発泡スチレン類」(2万7,517個，同17.2％)，「ガラス・陶磁器類」(7,554個，同4.7％)，「その他の人工物」(3,190個，同2.0％)の順です（環日本海環境協力センター『環日本海環境協力センター年報　2006』＜http://www.npec.or.jp/3_report/hk-tp.html＞，4-8頁）。

　また，1991年秋以降，毎年全国の200から300か所で一斉クリーンアップキャンペーンを展開しているJEAN／クリーンアップ全国事務局によれば，2007年秋の国際海岸クリーンアップにおいて海岸などから採取されたごみの総個数は，66万6,493個(1万7,891kg)でした。そのうち，多いものから順に見ていくと，「発泡スチロール破片：大(1cm^{2}以上)」(7万2,490個，総個数の10.9％)，続いて「硬質プラスチック破片」(6万9,625個，同10.4％)，「発泡スチロール破片：小(1cm^{2}未満)」(6万2,443個，同9.4％)，「タバコの吸殻・フィルター」(6万2,425個，同9.4％)，「プラスチックシートや袋の破片」(5万8,979個，同8.8％)などとなっています。なお，同国際海岸クリーンアップキャンペーンは，海岸のみならず，河川や湖，市街地や公園などでも行われているため，調査結果には，河川敷や湖岸，湖底など，海岸漂着ごみ以外のものも含まれています（JEAN／クリーンアップ全国事務局編『クリーンアッ

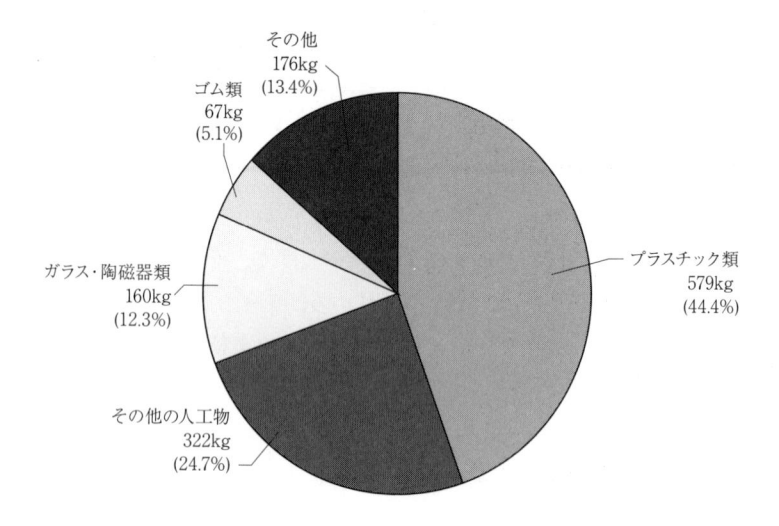

図1　漂着物の重量別内訳（総重量：1,304kg）

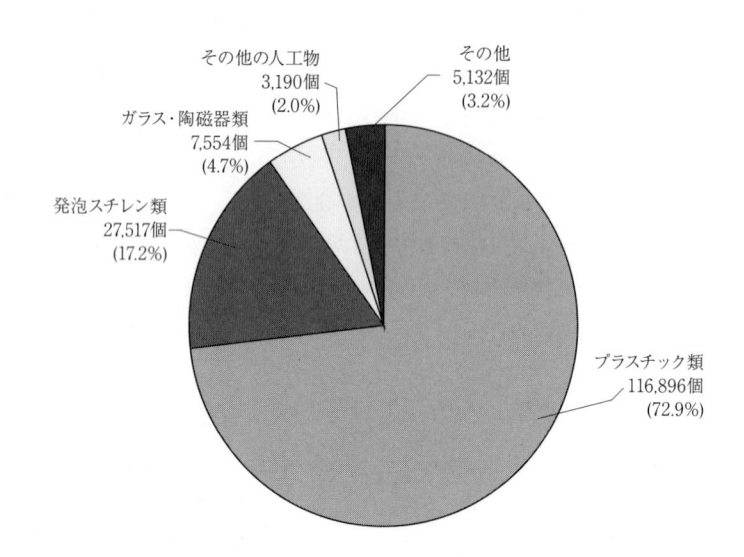

図2　漂着物の個数別内訳（総個数：160,289個）

(出所) 図1，図2とも，環日本海環境協力センター『環日本海環境協力センター年報2006』，4－6頁に基づき作成。

プキャンペーン 2007 REPORT』〔JEAN／クリーンアップ全国事務局，2008年6月〕，40-43頁）。

　わが国における漂着ごみの特徴としては，漂着ごみの推定総量（重量）は，日本海側が他の海域を大きく上回る値を示しており，なかでも九州地方北部や東北地方北部などに漂着ごみが多い傾向にあることや，また，日本海側の沿岸では，海岸を北上するにつれて漂着物の個数や量が減少する傾向にあることなどがあります。さらに，その数量および種類が多いこと，破片類が半数を占めること，回収品目のうち上位のものはここ数年で大きな変化は見られないこと，破片類を除くと陸上起源のものが大半を占めること，日常生活で使用されるプラスチック製品が主であることなども指摘されています。

　一方，外国から漂着したとみなされるごみも近年問題視されており，とくに，九州地方と北陸地方で外国由来の漂着物が多い傾向が見受けられます。外国由来ごみのおもな発生源としては，九州地方では韓国と中国，北陸地方では韓国と中国，ロシアであると報告されています。黒潮に乗ったごみが沖縄島嶼部へ，対馬海流の影響でごみが九州各地の海岸へ，そして大陸側で海に捨てられたごみが季節風の関係で北陸地方へ押し寄せられることが原因とされています（農林水産省農村振興局・農林水産省水産庁・国土交通省河川局・国土交通省港湾局『海岸における一体的漂着ゴミ対策検討調査報告書』〔2007年3月〕＜http：//www.mlit.go.jp/kokudokeikaku/chousei/03syakai/03_chousa/kekka.htm＞，2-8，27，4-7，11頁，環日本海環境協力センター・前掲書，4-8頁，JEAN／クリーンアップ全国事務局編・前掲書，42頁）。

　外国由来ごみの状況を，先に取り上げた2007年秋の国際海岸クリーンアップキャンペーンの調査結果から確認すると，総個数413個のうち，その多い順から，「ウキ・フロート類」（164個，総個数の39.7％），「プラスチックボトル（PET，飲料用など）」（152個，同36.8％），「容器，ボトル類（洗剤，シャンプー，殺虫剤など）」（29個，同7.0％），「ライター」（16個，同3.9％）などとなっています。つまり，「ウキ・フロート類」と「プラスチックボトル」で，全体の76.5％を占めていることになります（JEAN／クリーンアップ全国事務局編・前掲書，53-55頁）。

　他方，近年，日本海沿岸に大量の廃ポリタンク（以下，「ポリ容器」と略）

が漂着していることも確認されています。2008年3月末時点では，漂着ポリ容器の数は19道府県で約4万3,000個にのぼり，このうち，約1万8,000個の漂着ポリ容器にハングル文字が表記されていました。2009年3月末現在では，漂着ポリ容器の総数は約1万7,000個，ハングル表記のものは約6,000個でした。漂着ポリ容器の内容物を確認すると，「有害性」や「酸化性物質」などのハングル表記のあるものや，容器内に液体物質が残っているものもありました（環境省HP「日本海沿岸地域等への廃ポリタンクの大量漂着への対応状況について」〔平成20年7月25日〕＜http://www.env.go.jp/earth/marine_litter/jpn_sea/jokyo080725.pdf＞，同「平成20年廃ポリタンク漂着個数（道府県別）」＜http://www.env.go.jp/earth/marine_litter/jpn_sea/qty_h20.pdf＞，同「平成21年廃ポリタンク漂着個数（道府県別）」＜http://www.env.go.jp/earth/marine_litter/jpn_sea/qty_h21.pdf＞）。

(2) 漂着ごみによる影響

このようにわが国の海岸には，大量のそして多種多様なごみが漂着しており，それによって様々な影響が生じていることが指摘されています。まず，海岸機能の低下があります。例えば，港湾にごみが流れ込み，それが堆積することによって船の上げ下ろしができなくなる，操業に支障が生じるといった声が寄せられるなど，港湾機能に障害が発生しています。また，堤防や消波ブロックなどの海岸保全施設が機能不全に陥ることや破壊されることも想定されています。

海岸の利用面から見た場合，海水浴場や観光資源として活用されている海岸において，漂着ごみの堆積から景観が損なわれることによって，当該海岸のイメージダウンや，その結果集客力が低下し，観光収益が減少することも懸念されています。また，海岸利用者の事故なども危惧されています。

さらに，流木など大型のごみが船舶の航行中に衝突したり，ロープや魚網がスクリューに絡まったりするなど，船舶の安全航行にも支障をきたしています。そして，漂流ごみや海底ごみによる漁船や魚網の損傷など，漁業活動への被害も生じており，また，漂着ごみによって当該地域の漁獲物へのイメージの低下につながりうることも指摘されています。

漂着ごみによる自然環境面への影響を見てみますと，漂着ごみのうち人工系漂着ごみの多くを占めているのは，プラスチックや発泡スチロールなど石油起源のものです。浮力を有するプラスチックや発泡スチロールなどは，いったん海中に放出されるや，紫外線や塩分，摩擦などにより劣化して細かく砕けるものの，自然分解されずに遠距離を漂流し続けるため，海洋生物がそれらを誤飲すること，また，魚網，ロープおよび釣り糸などが海洋生物の体に絡まるなどの被害も報告されています。

そして，プラスチックや発泡スチロールなどの石油起源のごみが海岸に漂着したまま回収されずに堆積し続けると，それが紫外線や塩分などにより劣化し，いっそう細かい粒子となっていくため，時間の経過とともにその回収が困難となります。プラスチック類の破片は有害化学物質を付着することが指摘されており，それが生物の体内に吸収されることや食物連鎖を経た体内濃縮などの危険性もあります。また，大量の漂着ごみが堆積することによって，海岸線に生息する小型生物の生息場所や，海と陸とを行き来する生物の生活路あるいは産卵時の道をふさぐなど，生態系を乱す可能性もあります（農林水産省農村振興局他・前掲書，4-34，53頁，環日本海環境協力センター・前掲書，6頁，小島あずさ・眞淳平『海ゴミ―拡大する地球環境汚染』〔中公新書，2007年〕，132-158頁）。

3．漂着ごみ対策

(1) 漂着ごみ処理の状況

わが国の沿岸に大量のごみが漂流・漂着し，各方面でその影響が及んでいるなかで，地方自治体や国では，様々な対策を講じています。漂着ごみ対策を検討するにあたり，まず漂着ごみ処理の状況について確認します。

沿岸にごみが漂着した場合，その漂着場所によって，適用される法律は異なります。例えば，堤防や消波ブロックなどの海岸保全施設にごみが漂着し，その機能を低下させる場合は，海岸法により，海岸管理者にその回収・処理の責任が生じます。一方，港湾内にごみが漂着した場合は，港湾法に基づいて，港

湾管理者が基本的にその対応の義務を負います。さらに，漁港や漁場に漂着したごみは，漁港漁場整備法によって対応されています。

　海岸を管理するのは，基本的に都道府県です。しかし実際には，多くの場合都道府県からの要請や，地域の生活環境の保全上看過できない状況から，一般廃棄物の処理について責任を有する市町村が，廃棄物処理法に基づいて，漂着ごみを処理しています。

　周知のように，ごみは，廃棄物処理法において，一般廃棄物と産業廃棄物とに区分されています。同法によれば，産業廃棄物とは，工場や事業所など事業活動に伴って生じた廃棄物のうち，燃えがら，汚泥，廃プラスチックなど法令により定められた20種類のものと輸入された廃棄物のことです。

　これに対して，一般廃棄物とは，産業廃棄物以外の廃棄物と定義されており，具体的には，家庭から排出される一般ごみや粗大ごみ（家庭系廃棄物）と，オフィスや飲食店などから発生するごみ（事業系廃棄物）とに大きく分類されております。市町村は，一般廃棄物処理計画を定め，それに従って一般廃棄物を収集・運搬・処分する責任を有しているのです。

　このような廃棄物の定義に従えば，漂着ごみは，産業廃棄物の要件に該当しないことから，その多くが事業系一般廃棄物として扱われています。本来，事業系一般廃棄物の処理の責任は，それを排出した事業者がその一部を負うしくみとなっています。しかし，漂着ごみの場合，排出者が不明であることが多いため，結局，ごみの漂着した海岸を有する市町村が，漂着ごみの排出源ではないものの，その処理を行わざるをえないのです（小島・眞・前掲書，160－190頁，直原史明「海岸管理における漂着ゴミ対策の取り組み」『INDUST』23巻3号通巻245号〔全国産業廃棄物連合会，2008年3月〕，28～29頁，漂流・漂着ゴミ対策に関する関係省庁会議『漂流・漂着ゴミ対策に関する関係省庁会議とりまとめ』〔2007年3月〕＜http://www.env.go.jp/houdou/gazou/8100/070302b-3.pdf＞，11－13頁）。

　ここで，一般廃棄物の処理のプロセスを簡単に確認したいと思います。ごみ集積所に出されたごみは，ごみ収集車によって収集・運搬されます。その後，破砕や焼却などの中間処理がなされ，最後は埋め立てられます（最終処分）。このプロセスのなかで適宜，資源化（リサイクル）もなされます。

漂着ごみの場合には，収集の前に，海岸でごみを拾う作業が伴います。つまり，多種多様でかつ破片類の多い海岸漂着物を分別しながら拾う作業です。なお，人が入ることのできない沿岸部においては，船舶での回収作業が行われることもあります。

　漂着ごみを拾っても，海岸には繰り返しごみが漂着するので，海岸の清潔を保持するには，継続した清掃活動が欠かせません。もちろん民間団体などのボランティアにより海岸の清掃活動も行われております。しかし実際のところ，定期的に日常的な清掃活動をボランティアに期待することは難しいと言わざるをえません。しかし，その多くがプラスチック類である漂着ごみを放置しておくならば，劣化や分解が進み，漂着ごみの回収がよりいっそう困難となってしまいます。季節風の関係で，漂着ごみは冬場に多くなる傾向にあります。とくに少子高齢化や過疎化が進んでいる離島では，海岸清掃の担い手が少ないため，寒いなかで高齢者も，海岸で漂着物を拾うという肉体的にとてもきつい作業にあたっていることが多いと聞きます。

　拾ったごみを収集する場合でも，一般ごみの場合と異なって，大きな困難が伴います。すなわち，収集車が入れない砂浜などの場合，大量の漂着ごみを収集車まで運ぶことが必要となってくるのです。

　漂着ごみの処分については，プラスチック系の漂着ごみの場合，有害物質を発生させない大規模焼却施設で焼却するか，あるいは最終処分場で埋め立てなければなりません。しかし，漂着ごみに含まれた塩分により焼却炉が傷んでしまう可能性もあります。近年，塩分を含んだプラスチック類をリサイクルする技術が開発されてきているものの，材質の劣化などから，それは困難であるのが現状です。また，その処理を産業廃棄物として産業廃棄物業者に委託することもあります。離島の場合，このような処理施設や処分場，リサイクル業者が不足していることが多いため，結局，回収した漂着ごみを船舶で島外（本土）へ運搬する必要も生じております。

　海岸漂着物処理推進法が施行される以前には，このような漂着ごみ処理にかかる費用は，基本的に市町村が負担しており，例えば，財政状況の厳しい離島においては，全国平均と比べて燃料代も高いなか，漂着ごみの運搬費用もかさんでいるのが実情であります。

(2) 地方自治体の対応

そこで次に,漂着ごみによる被害の著しい県の1つである長崎県を事例にして,地方自治体の対応を見てみましょう。長崎県では,漂着ごみ問題の解決に向けて,漂流・漂着ごみ問題対策協議会を中心として,市町村が実施する漂着ごみの撤去作業への助成や,住民団体などによる清掃活動への支援,さらには,国に対して積極的な関与を要望するなどの対策が行われています。以下でその概要を確認したいと思います。

長崎県では,2001年5月に開催された市町村長会議において,漂着ごみ対策の強化・推進に関する要望がなされたことを受けて,同年7月,「漂着ごみ問題に関する調査・研究会」が設置されました。さらに,県内の漂着ごみ問題の実情を把握することと,その具体的な対策を検討することを目的として,2002年10月,県の関係部局,関係市町村,団体(長崎県海と渚環境美化推進委員会),そして,オブザーバー(長崎海上保安部や環境省九州地方環境事務所など)から構成される「漂流・漂着ごみ問題対策協議会」が設置されました(長崎県『長崎県廃棄物処理計画』〔2006年3月〕,124頁)。

その後,漂着ごみ問題に関する連携した取組みを推進するため,2004年3月,「長崎県漂流・漂着ごみ問題対策指針」が,そして,同指針を実践していくための具体的取組みを計画に盛り込み,長崎県における漂着ごみ問題に関する施策を総合的・計画的に推進することを目的として,2006年3月,「漂流・漂着ごみ問題解決のための行動計画」(以下,「行動計画」と略)が策定されました。行動計画では,漂着ごみの発生源対策として「啓発活動の強化」と「監視体制の強化」を,一方,漂着ごみの処理対策として「撤去対策」と「処分対策」を挙げています。行動計画の実施主体としては,地域住民,関係市町村,県および関係団体などを位置づけています。行動計画の推進手法として,具体的な施策や事業に関して各年度の事業計画を作成し,県,関係市町村の連携のみならず,地域住民や関係団体との協力により,ネットワークの構築を視野に入れて計画を推進するとしています(長崎県漂流・漂着ごみ問題対策協議会『漂流・漂着ごみ問題解決のための行動計画』〔2007年5月〕,1-4頁)。

さらに長崎県では,県下全域を対象地域とした「漂流・漂着ごみ対策事業」も実施されています。例えば,市町村が行う漂流・漂着ごみの撤去,運搬,処

分に要する経費の一部について助成する「漂流・漂着ごみ撤去事業支援」があります。漂流・漂着ごみ対策事業は，2002年度以降毎年行われており，2008年度の事業費は1,834万円でした。

そのほかの取組みとして，2003年度以降，海岸清掃活動に取り組む団体への支援，すなわち，「県民参加の地域づくり事業」の実施があります。これは，道路，河川，海岸，港湾で清掃活動を行う住民団体を登録し，その活動を支援するものです。

この他に，韓国との協働事業も行われています。例えば，2003～2005年度にかけて，長崎県，佐賀県，福岡県，山口県，そして韓国の4自治体（日韓海峡沿岸8県市道）による「海の環境美化キャンペーン」が実施されました。また，釜山外国語大学と対馬市民ボランティアによる海岸清掃も年1回行われており，このボランティアによる海岸清掃を発展させた形で，2006～2008年度には，日本と韓国の学生がともに対馬市の海岸清掃に取り組み，漂着ごみ問題について意見交換を行う「日韓学生つしま会議」が開催されています。

長崎県では，このような県としての取組みのみならず，政府施策要望として，漂着ごみの回収・運搬・処分への財政支援措置の創設，処理体制の確立，国際協力体制の構築などを国に対して要望してきました。また，2005年11月には，第8次経済構造改革特区提案募集において，長崎県として漂着ごみの処理（焼却）に関する規制緩和提案を行っています。これを受けて，長崎県議会は，2008年3月，内閣総理大臣をはじめ，内閣官房長官や衆参両院議長などに宛てて，「漂流・漂着ごみの対策に関する意見書」を提出しました（長崎県『長崎県の漂流・漂着ごみ対策について』〔2007年8月〕，2頁，長崎県HP「漂流・漂着ごみ対策事業」<http://www.pref.nagasaki.jp/new_naga/12/07.html>，井手邦典「長崎県における漂流・漂着ごみの現状と対策について」『INDUST』23巻3号通巻245号〔全国産業廃棄物連合会，2008年3月〕，32－37頁，宗像優「漂着ごみ問題の現状と行政の対応―長崎県の取組みを事例として」『エコノミクス』13巻1・2号〔九州産業大学経済学会，2008年11月〕，70－72頁）。

(3) 国レベルでの対策

このように，漂着ごみが社会問題化していくなかで，国レベルでも2000年8

月，環境省が事務局となって，「漂流・漂着ゴミに関する関係省庁連絡会」が発足しました。同連絡会は，漂着ごみに関する各関係省庁の取組みを確認し，漂着ごみ問題への対応について検討を進めました。その後，2005年11月，第8次経済構造改革特区提案募集において，長崎県対馬市，壱岐市，五島市，新上五島町から外国由来の漂着ごみの処理責任の明確化を求める提案がなされたことを受けて，2006年2月，構造改革特別区域推進本部の「構造改革特区の第8次提案に対する政府の対応方針」（以下，「対応方針」と略）において，政府として漂着ごみに関する実効的な対策を検討する体制を確立するため，関係省庁による局長級の対策会議を設置することなどが決定されました。

　対応方針を受けて，2006年4月には「漂流・漂着ゴミ対策に関する関係省庁会議」（以下，「関係省庁会議」）が設置されました。同会議は，2006年度末までに，漂着ごみに関する政府の2007年度予算概算要求や，地方自治体などの取組み状況に関するアンケート調査などについて検討を行いました（漂流・漂着ゴミ対策に関する関係省庁会議，前掲書，2頁）。

　その後関係省庁会議は，2007年3月に，「中長期的な課題としての国際的な対応も含めた発生源対策や漂流・漂着ゴミによる被害が著しい地域への対策の早期実施を念頭におきつつ，当面の施策をとりまとめたもの」として，「漂流・漂着ゴミ対策に関する関係省庁会議とりまとめ」（以下，「関係省庁会議とりまとめ」と略）を策定しました。この関係省庁会議とりまとめにおいては，漂着ごみ対策の「今後の課題」として，漂着ごみの対応に苦慮している地方自治体からの要望や提案等も踏まえて，施策実施の状況やその結果について，フォローアップを行っていくこと（「施策のフォローアップ」），国や地方自治体のみならず，多様な民間団体や研究者が漂着ごみ問題の解決に向けた努力を行っており，実体的に補完的な役割を果たしていることを踏まえて，これら関係者間の情報交換の場を確保し，連携強化を行っていくこと（「国，地方公共団体，民間団体・研究者等の関係者間の連携の強化」），漂着ごみによる被害の著しい海岸を有する地方自治体から，漂着ごみ処理への財政支援に関する要望が多いことから，国と地方の役割分担のもと，発生源責任を含めた支援制度の整備など漂着ごみの処理に関する体制の確立について検討を行うこと（「漂流・漂着ゴミの処理等に係る体制の確立」），そして，関係省庁の連携のもと，発生

源に関する調査と発生源原因者の分析を進めること（「国際的な対応も含めた発生源対策」）が項目として掲げられました。

　さらに，根本的な発生源対策として，多くの国民が漂着ごみ問題に関心を持ち，一人ひとりが発生源とならないように理解と行動を呼びかけていくことが重要であることから，様々な施策を通じて，情報提供や普及啓発の取組みを行っていくことの必要性も指摘されました（漂流・漂着ゴミ対策に関する関係省庁会議，前掲書，11－18頁）。

　このように，2006年度に入り，政府全体で漂着ごみ対策が検討されはじめたなかで，関係省庁会議は，漂着ごみ対策に関して2007年度に予算措置の取られた施策のとりまとめを行いました（「漂流・漂着ゴミ対策関連予算政府原案とりまとめ」）。それらは，「状況の把握」，「国際的な対応も含めた発生源対策」および「被害の著しい海岸における漂流・漂着ゴミ対策」の３つに分類され，例えば，気象庁の「北西太平洋海域等における海上漂流物目視観測」（「状況の把握」）や経済産業省の「容器包装リサイクル推進調査」（「国際的な対応も含めた発生源対策」），海上保安庁の「大規模漂着状況の原因調査」（「被害の著しい海岸における漂流・漂着ゴミ対策」）など，19の事業が示されました。

　このなかで，環境省は，2007年度新規事業として，「漂流・漂着ゴミ国内削減方策モデル調査」（以下，「モデル調査」と略）を開始しました。その目的は，全国で漂着ごみによる被害の著しい地域のなかからモデル地域を選定し，環境保全上の価値が高い海浜などについて，クリーンアップ（海岸清掃および漂着物分類）とフォローアップ調査（分類結果の解析）により，効果的な清掃・運搬・処理の手法を検討することです。そこで，外国からの漂着ごみが多いまたは確認されている地域，漂着ごみの処理や運搬に支障がある離島，二次災害が懸念される医療系廃棄物の漂着が多い地域を基本的な要件とし，漂着ごみの被害の状況，地元自治体の協力の可能性などから判断して，７県の11海岸がモデル地域として選定されました。その後，2009年４月には，モデル調査の第２期モデル地域が，新規モデル地域として６地域，継続モデル地域として４地域が選ばれました（環境省HP「平成19年度漂流・漂着ゴミ対策関連予算政府原案とりまとめ」＜http://www.env.go.jp/houdou/gazou/8100/070302b-7.pdf＞，同「漂流・漂着ゴミに係る国内削減方策モデル調査：モデル地域の選

定について（第一次選定）」＜http://www.env.go.jp/press/press.php?serial=8306＞，同「漂流・漂着ゴミ国内削減方策モデル調査（第2期）モデル地域の選定について」＜http://www.env.go.jp/press/press.php?serial=11026＞，石橋和隆「我が国における漂流・漂着ごみへの対応」『INDUST』23巻3号通巻245号〔全国産業廃棄物連合会，2008年3月〕，22～25頁，宗像，前掲書，69頁）。

　以上の点を踏まえて，環境省は，2008年度第2次補正予算により，「漂流・漂着ゴミ対策重点海岸クリーンアップ事業」を実施しました。これは，外国由来のごみが大量に集積している海岸などを重点海岸として選定し，国が緊急的に海岸のクリーンアップを行うものであります。各都道府県から応募のあった計50海岸から，①漂着ごみの発生源，②回収・処理の困難性，③地域経済活性化の必要性と効果，④関係者の協力の確保，⑤事業実施後のフォローアップ体制の検討という5つの観点からの総合的な評価により，長崎県対馬市棹先海岸や佐保海岸，秋田県由利本荘市の西目海岸，山形県酒田市の飛島西海岸など，九州地方や日本海岸を中心に，計13県の25海岸が選定されました（環境省HP「漂流・漂着ゴミ対策重点海岸クリーンアップ事業対象地域の選定について」＜http://www.env.go.jp/press/press.php?serial=10888＞）。

(4) 海岸漂着物処理推進法の施行

　こうして，2009年7月には，「海岸における良好な景観及び環境の保全を図る上で海岸漂着物等がこれらに深刻な影響を及ぼしている現状にかんがみ，海岸漂着物等の円滑な処理を図るため必要な施策及び海岸漂着物等の発生の抑制を図るため必要な施策」に関して，「基本理念を定め，国，地方公共団体，事業者及び国民の責務を明らかにするとともに，政府による基本方針の策定その他の海岸漂着物対策を推進するために必要な事項を定めることにより，海岸漂着物対策を総合的かつ効果的に推進し，もって現在及び将来の国民の健康で文化的な生活の確保に寄与することを目的」とした海岸漂着物処理推進法が公布・施行されました。

　そのおもな内容を確認していきますと，まず基本理念として，①総合的な海岸の環境の保全及び再生，②責任の明確化と円滑な処理の推進，③海岸漂着物

等の発生の効果的な抑制，④海洋環境の保全，⑤多様な主体の適切な役割分担と連携の確保，⑥国際協力の推進，の6つが掲げられています（海岸漂着物処理推進法，第3～8条）。

そして，この基本理念にのっとり，国は海岸漂着物対策に関して，総合的な施策を策定・実施する責務を有するとして，国の責務が明記されたほかに，地方自治体，事業者および国民の責務も示されました。つまり，地方自治体は，基本理念にのっとり，海岸漂着物対策に関して，その区域の自然的社会的条件に応じた施策を策定・実施する責務を有するとされました。事業者は，事業活動に伴って海岸漂着物等が発生することのないように，また，国や地方自治体が行う海岸漂着物対策に協力するよう努めなければならず，そして国民は，海岸漂着物対策の重要性に対する関心と理解を深めるとともに，国や地方自治体が行う海岸漂着物対策に協力するよう努めなければならないと規定されたのです（同法，第9～11条）。

さらに，「国は，海岸漂着物対策が，海岸を有する地域のみならずすべての地域において，国，地方公共団体，事業者，国民，民間の団体等が相互に連携を図りながら協力することにより着実に推進されることにかんがみ，これらの者の間の連携の強化に必要な施策を講ずるものとする」として，すべての地域における関係者間の連携強化もうたわれています（同法，第12条）。

また，政府は，海岸漂着物対策を総合的かつ効果的に推進するための基本方針を定めなければならないとされ，都道府県は，海岸漂着物対策を総合的かつ効果的に推進するため必要があると認められるときは，国の基本方針に基づき，海岸漂着物対策を推進するための計画（地域計画）を作成することとされました（同法，第13～14条）。

都道府県は，単独でまたは共同して，都道府県のほか，住民や民間団体，関係する行政機関，地方自治体からなる「海岸漂着物対策推進協議会」を組織することができるようになり，そして，海岸漂着物対策の重要性について国民の理解を深めることや助言，情報提供などを行うため，「海岸漂着物対策活動推進員」の委嘱や「海岸漂着物対策活動推進団体」の指定ができるようになりました（同法，第15～16条）。

政府にはまた，「海岸漂着物対策の総合的，効果的かつ効率的な推進を図る

ための連絡調整を行う」ために，環境省，農林水産省，国土交通省，その他の関係行政機関の職員から構成される「海岸漂着物対策推進会議」を設けることや，この推進会議に，専門的知識を有する者によって構成される「海岸漂着物対策専門家会議」を置くこととされました（同法，第30条）。

　海岸漂着物の発生の抑制に関しては，国と地方自治体は，①発生状況・発生原因に関する定期的な調査，②森林，農地，市街地，河川，海岸等における不法投棄防止に必要な措置，③土地の適正な管理に関する必要な助言及び指導に努めると規定されました（同法，第22～24条）。

　海洋漂着物処理法の中でとくに注目されるのは，財政上の措置についてです。すなわち，「政府は，海岸漂着物対策を推進するために必要な財政上の措置を講じなければならない」とされたのです。さらに，国外や他の地方自治体から大量のごみが漂着する離島などにおいて，海岸漂着物の処理に要する経費について，「特別の配慮をする」と明記されました（同法，第29条）。

　財政上の支援に関して，2009年7月に設置された「地域グリーンニューディール基金」（平成21年度地域環境保全対策費等補助金）について確認したいと思います。これは，環境問題を解決するための取組みを「地域が確実に実施し，当面の雇用創出と中長期的に持続可能な地域経済社会の構築につなげることを目的として，環境省から都道府県・政令指定都市に対し，補助金を交付し，基金を造成」するものです。都道府県と政令指定都市は，同基金を活用して，次のような基金対象事業を行うことができます。

　すなわち，①地球温暖化対策に係る地方公共団体実行計画関係事業，②都道府県廃棄物処理計画及び一般廃棄物処理計画関係事業，③PCB廃棄物処理計画関係事業，④海岸漂着物地域対策推進事業です。事業の実施期間は，2009年度から2011年度の3年間で，合計546.5億円の予算がつきました（2009年11月時点での基金造成予定額），海岸漂着物地域対策推進事業における基金造成予定額は1次募集分で54.9億円（内示済額），2次募集分で4.7億円（内示済額）の計59.6億円となっております。ちなみに，都道府県別にその多い順から見ると，長崎県が11.3億円で全国のうち最も多く，続いて，沖縄県の7.9億円，北海道の4億円，鹿児島県の3.5億円などとなっております（環境省HP「地域グリーンニューディール基金事業」＜http://www.env.go.jp/policy/local-gnd/in

dex.html＞，同「都道府県・指定都市別基金造成額一覧（平成21年11月9日時点）」＜http：//www.env.go.jp/policy/local-gnd/attach/list-abf_091109.pdf＞)。

4．おわりに

　以上，漂着ごみの現状とそれの及ぼす影響を概観し，長崎県を事例とした地方自治体における漂着ごみ問題への取組みと，そして国レベルでの漂着ごみ対策を確認してきました。最後に，漂着ごみ対策における課題を述べることで，本報告を終わりたいと思います。

　漂着ごみの処理は，おもに一般廃棄物の処理責任を有する市町村が行っていますが，市町村にとっては，漂着ごみ問題に取り組めば取り組むほど，その処理費用を負担せざるをえませんでした。漂着ごみの処理費用の一部に対して，都道府県も一定程度の支援を行っていました。しかしながら，それには不十分な場合も多く，市町村に費用負担が重くのしかかっていました。つまり，市町村による取組みだけでは，漂着ごみ対策に限界があったのです。そのため，漂着ごみ対策の課題として，地方自治体への財政的支援も含めた漂着ごみの処理費用の負担問題，国・都道府県・市町村の役割分担の明確化，漂着ごみの発生抑制策の推進などが指摘されてきました（宗像，前掲書，65－68頁）。

　このようななかで，ようやく国による本格的な対策が講じられはじめました。それは，地方自治体の要望等を踏まえて各種の事業が展開され予算の拡充なども図られた点，また，海岸漂着物処理推進法の施行により，基本思念が示されたこと，国や地方自治体，事業者，国民の責務が明確化され，関係者間の連携の強化がうたわれたこと，都道府県の役割が明示されたこと，そして地域グリーンニューディール基金事業などを通じて，財政上の措置や離島への配慮が示されたことなどの点で，評価されます。

　ただし，わが国の漂着ごみ対策には，いくつかの点でいまだ課題が残されております。例えば，財政的支援について，地域グリーンニューディール基金は，3年間の期限付きであり，その後漂着ごみ対策の費用が一体どのようになるのかは，まだ見通しが立っていません。また，同基金は，あくまでも都道府

県等の申請に基づいて配分されるしくみとなっているため，国全体の沿岸を見通して，どこの地域に，どのような対策や費用が必要なのかといった視点から，配分額が決定されるわけではありません。地方自治体の取組みに対する支援と，全国的に取り組むための予算措置の両方が，漂着ごみ対策において必要であることが指摘されております。さらに，地域での実情にあわせた取組みの重要性や，当事者による広範な主体的な取組みの推進母体設置の必要性なども，課題として挙げられています（詳しくは，小島あずさ・金子博「NGOから見た日本の海岸漂着ごみ対策の現状と対応」『河川』2009年11月号〔日本河川協会，2009年11月〕，64－69頁）。

　たしかに，海岸漂着物処理推進法では，海岸漂着物の発生抑制の重要性がうたわれているものの，その名称にあるように，あくまでその「処理」に主眼が置かれている感があります。漂着ごみ問題の解決には，岸に漂着したごみの回収・処分など対症療法的な取組みのみならず，発生源での対策など未然防止の視点からの施策の展開が必要不可欠であるのは言うまでもありません。

　いずれにせよ，わが国における漂着ごみ対策は，ようやくその第一歩が踏み出されたばかりであります。海岸漂着物処理推進法では，「政府は，海岸漂着物対策を推進するための財政上の措置その他総合的な支援の措置を実施するため必要な法制の整備を速やかに実施しなければならない」とされ，施行から3年後に必要な措置を講じることとされています。海岸漂着物処理推進法は，自民党・公明党政権下で制定されたものであるもの，衆参両院において全会一致で可決されている経緯もあり，政権が自民党・公明党から民主党・社民党・国民新党に交代した現在，漂着ごみ対策の内容が大きく後退することはないでしょう。鳩山由紀夫首相が環境問題の解決に熱心な姿勢を示していることから，民主党連立政権に対して漂着ごみ問題に長年取り組んできたNGOや，漂着ごみ問題の「現場」である地方自治体からの意見や要望などを踏まえて，適正な財政措置の実施や発生源対策の徹底といったさらなる施策の展開が期待されているのです。

　簡単ですが，以上で報告を終了させていただきます。ご清聴ありがとうございました。質疑応答を通じて，議論を深めることができればと思います。

〈質疑・応答〉

〈質　　問〉
　漂着ごみは，そのほとんどが外国由来のものという印象が強いのですが，外国由来ごみの場合，どのような対策があるのでしょうか。
〈回　　答〉
　外交上の対応になります。例えば，韓国から大量のポリ容器が漂着したことを受けて，環境省は，2008年2月以降，外交の場を通じて，韓国政府に対して，ポリ容器の大量漂着の実態把握や原因究明，ポリ容器の漂着防止のための実効的な措置を講ずるよう要請しています。同年4月に開催された「日韓首脳会談」では，海洋汚染対策における両国の連携強化が確認されました。2009年2月には，日韓の実務協議も開催されています。韓国政府からは，原因究明調査や啓蒙活動，海洋ごみの回収・管理，河川流域での管理制度の強化などの対策をとっている旨の説明がなされています（環境省，前掲HP「日本海沿岸地域等への廃ポリタンクの大量漂着への対応状況について」）。
　なお，海岸漂着物処理推進法，第21条において，「外交上の適切な対応」として，「外務大臣は，国外からの海岸漂着物が存することに起因して地域の環境の保全上支障が生じていると認めるときは，必要に応じ，関係行政機関等と連携して，外交上適切に対応するものとする」とされています。

〈質　　問〉
　今日のお話では，漂着ごみは外国からのものばかりではないとのことでした。この点について，あらためてご説明ください。
〈回　　答〉
　たしかに，「漂着ごみ」イコール「外国由来」と思われがちです。しかし実際には，外国由来の漂着ごみが増大している傾向も近年見受けられ，そのなかでも，台湾，韓国，中国からのものが多数確認されています。地理的のみならず，経済的な要因，すなわち，それらの国々の経済成長が，外国由来のごみが増大している原因の1つかと考えられます。

しかしながら，全国の状況を見てみると，漂着物の内訳は，地域によって様々です。例えば，本日事例として取り上げた長崎県の場合，外国由来のごみが非常に多いのですが，同じ日本海側でも，東北地方においてはその比率は下がりますし，一方，太平洋側では，ほとんどが国内由来です。わが国全体で見ると，漂着ごみの大半は国内由来とも言われております。

漂着ごみに関するマスコミ報道の影響もあるでしょう。たしかに，九州北部などでは，大量のポリ容器が漂着する被害が起こるなど，外国由来のごみによる影響がとても大きいのです。しかし，その点だけをクローズアップした報道がなされ，漂着ごみ問題の本質的で重要な問題点が，広く国民に対して十分には伝えられていないような気もいたします。

〈質　　問〉

漂着ごみ問題に対する国際的な取組み状況は，いかがでしょうか。

〈回　　答〉

日本ではあまり知られていないかもしれませんが，漂着ごみ問題の解決は，まさに現在，国際的に取り組むべき重要な政策課題となっています。例えば，国連環境計画（UNEP）の地域海計画（RSP）でも，「海洋ごみ」を表す"Marine Litter"が，"Key Issues"の1つに掲げられております（UNEP HP, *Regional Seas Programme, Marine Litter*, <http://www.unep.org/regionalseas/marine-litter/default.asp>）。

なお，日本だけが漂着ごみの被害を受けているわけでは決してありません。日本から国外に流出しているごみの問題も忘れてはならないと思います。漂着ごみ問題の解決にあたっては，沿岸地域国の協調した取組み体制が必要です。

そうしたなかで，すでに1994年9月には，日本，中国，韓国，ロシアの4カ国により，UNEPのRSPのうちの1つである「北西太平洋地域における海洋・沿岸環境の保全，管理及び開発に向けた活動計画（NOWPAP）」が採択されています。そしてNOWPAPに基づく活動を企画調整することを目的として，「特殊モニタリング・沿岸環境評価地域活動センター（CEARAC）」が設置されました。日本では1999年に環日本海環境協力センターがCEARACに指定されています（詳しくは，環日本海環境協力センターHP「CEARAC概要」<

http://www.nepc.co.jp/4_cearac/cea-5.html＞）。

〈質　　問〉

　漂着ごみの発生源対策としては，まず国内での取組みが大切ということですね。

〈回　　答〉

　おっしゃるとおりです。当然のことですが，漂流・漂着ごみは，突然海で発生するものではありません。そのおもな発生源は，内陸部，とくに河川です。漂着ごみというと，どうしても，海岸部の問題であって，内陸部に住んでいる者には関係がないと思っている人が多く，あるいは，普段の生活では漂着ごみを直接目にする機会もほとんどないことから，海岸部の居住者以外の多くの人々は無関心といった状況です。しかし，漂着ごみの内容を見ると，ペットボトルやビニール袋など，生活関連のごみが多いことから，内陸部での対策が必要不可欠となります。漂着ごみの問題は，「地球環境問題」の解決に向けて身近なところから取り組む必要があるという典型的な事例の1つと言えます。

〈質　　問〉

　ごみの漂着場所によって適用される法律が異なるというのには，少々驚きました。また，漂着ごみ対策に関係する省庁が多いようなことをお話しされていましたが，具体的にはどのような状況でしょうか。

〈回　　答〉

　私たちから見れば，海岸は海岸ですが，その機能によって適用される法律が異なれば，管轄の省庁も異なります。そのため，漂着ごみの処理対策や発生源対策などは当然，各省庁にまたがるものとなります。例えば，先にも取り上げた2007年度の「漂流・漂着ゴミ対策関連予算政府原案とりまとめ」には19の事業が示されました。環境省や国土交通省，経済産業省，農林水産省，内閣府，水産庁，海上保安庁，気象庁といった8つの省庁がかかわっていました。これに対して，地方自治体からは，漂着ごみ対策の窓口が一元化されていないことの不便さや補助金の使い勝手の悪さなど，いわゆる「縦割り行政」による弊害も指摘されています。

それでは時間になったようですので，質疑応答を終了させていただきます。ありがとうございました。

〔付記〕
　本章は，拙稿「漂着ごみ問題の現状と行政の対応」『エコノミクス』13巻1・2号（九州産業大学経済学会，2008年11月）をベースにして，2009年7月の「海岸漂着物処理推進法」の施行を踏まえて執筆したものである。なおこれは，2010年3月に，日本臨床政治研究会でも報告した。参照したURLは，2010年1月31日現在のものです。

第4章
麻生太郎のアジア外交政策の研究

(伊藤　重行)

はじめに

　小泉政権後，安倍政権，そして福田政権と続く政権放棄に伴い，不運な政権の巡り合わせとして麻生政権が誕生したと考えられます。にもかかわらず，自民党内では麻生太郎は多くの党員からの支持を受けて351票を獲得し，自民党総裁の地位を獲得。そして2008年9月24日から第92代目の内閣総理大臣に就任しました。いつ解散し強い政権を作るのかと国民に期待されていたものの，その機会が見いだせないまま1年間続き，8月30日の総選挙で敗北，2009年9月16日に政権の交代が自民党から民主党に変わりました（自民党政権から民主党政権へと交代があったが，しかし麻生太郎と小沢一郎とどちらの人物が総理大臣の器かとの問いに，麻生をあげたものが圧倒的でありました。参照，歳川隆雄『自民と民主がなくなる日』〔幻冬舎新書，2008年〕，10頁）。この政権交代は政治史に残る歴史的出来事であります。ただし，麻生内閣が実行した内政と外交には特別な問題はなく，外交の面では麻生太郎として特徴ある外交を展開したと言えます。また麻生政権が展開した政治は，全般的に彼の祖父であった吉田茂の政治を参考にして展開されたと考えられます（「祖父は私の政治家としての原点であるのは間違いなく，私のものの考え方や生き方など，人間・麻生太郎の原点とも言える人でした」，参照，麻生太郎『麻生太郎の原点　祖父・吉田茂の流儀』（徳間文庫），〔徳間書店，2007年〕，11-12頁）。以下逐次，麻生太郎のアジア外交について論じてみよう。

1. 麻生太郎の政治思想の形成

　麻生太郎は昭和15年（1940）9月20日，福岡県飯塚市で出生しました。父親は，麻生太賀吉，母親は吉田茂の娘の和子であり，この二人の出会いを作ったのは吉田茂の側近であった白洲次郎であります（参照，麻生太郎『自由と繁栄の弧』〔幻冬舎，2007年〕，302頁）。麻生太郎が10歳になった時に，九州・筑豊の実業家であった父親の麻生太賀吉が吉田茂総理大臣を支援するために，衆議院議員になって東京に移動したので，故郷を後にしたのです。東京に移動したことから，湘南・大磯に住んでいた吉田茂の自宅を訪問する機会が増えて，麻生太郎は子供ながら自分の祖父の威力を知ることになる。そして尊敬の念に変わって行ったのです。

　この麻生太郎の10歳の年齢は，もう既に彼の心に故郷の風景が焼き付き，刷り込まれている年齢であります。俗に「川筋もの」と言われる，遠賀川のほとりの荒くれ者の性質があの麻生太郎に乗り移っており，彼の茶目っ気の裏にその性質が見え隠れしているといったら言い過ぎであろうか。東京ではうけないかもしれないが，筑豊ではうけるし，好かれる茶目っ気でありました。

　麻生太郎の政治思想は，吉田茂の政治思想そのものであり，そのコピーと断言しても良いでしょう（麻生太郎『麻生太郎の原点　祖父・吉田茂の流儀』（徳間文庫）〔徳間書店，2007年〕，19－22頁，125頁と133頁の写真は麻生太郎が祖父・吉田茂のコピーであると如実に物語っている）。彼は祖父の吉田茂そのものを演じたかったものと思われます。しかも最後の段階で，第92代内閣総理大臣になったのであるから，見事な人生であったと言って良いでしょう。亡き吉田茂は孫の麻生太郎が最終的に日本国の首相になったのであるから墓の中で喜んでいたと思う。「祖父は私の政治家としての原点であるのは間違いないところですが，私のものの考え方や生き方など，人間・麻生太郎の原点とも言える人でした。」との述懐から麻生太郎の政治思想のよりどころが明らかになると思います。

　従って，麻生太郎の政治思想は自由主義，民主主義，現実主義であり，天皇

を尊重する保守的伝統主義となります。

2．麻生太郎の外交方針

　麻生は戦後の吉田茂首相以来の日本の国家の発展を担ってきた自民党の国家政策が全国くまなく実現し，自分が首相になった時には別の政策を取ると述べています。すなわち「通常の社会基盤整備はほぼ日本中におよび，公民館なども普及し，均衡ある都市の発展という所期の目的はほぼ達成された」（麻生太郎『とてつもない日本』〔新潮新書，2007年〕，112頁）と言明しています。

　そこで麻生太郎は一方で政治制度改革を指向し，他方で公務員制度改革を視野におき，日本を全面的改革に乗り出すべきと考えており，そういう指向性は以下の彼の文面が証拠立てています。彼は次にすべきこととしては，「地方でできることは地方で責任をもってやってもらおう。その方が効率的だし，その地域の実態をふまえて事業の優先順位もわかっているはずだというのが『三位一体改革』だ」（麻生太郎『とてつもない日本』〔新潮新書，2007年〕，113頁）と述べています。「三位一体改革というのは『国と地方の税財政改革』ともいわれ，第一に政府から自治体への補助金削減，第二に国税から地方税への税源移譲，第三に地方交付税の変更，この三点を一体として改革することだ」（麻生太郎『とてつもない日本』〔新潮新書，2007年〕，113－114頁）と麻生太郎は明確に認識しています。

　ただこの改革が2007年当時まで進まない理由は，「予算の配分権限が減らされるのが嫌な財務省をはじめ，自分の権限が削られる中央官庁，中でも補助金を多く持っているお役所が反対するからだ」（麻生太郎『とてつもない日本』〔新潮新書，2007年〕，113－115頁）と日本の政治改革，制度改革が前進しない理由を正確に捉えていると考えて間違いありません。このことから彼は，最終的に公務員改革を必然的に必要と説いています。すなわち「今はまだ中央官庁の顔色をうかがう自治体もあるかも知れないが，そのうちにそういうことも減るだろう。カネの切れ目が縁の切れ目というが，何も男女の間だけのはなしではない。補助金をくれるから国土交通省や農林水産省，もちろん財務省にも

頭を下げに行っていた市長さんや知事さんは，頭を下げなくても地方税で直接収入になれば，何も中央の役所にいかなくてもよい。交通費も宿泊代も助かる。地方は金と権限を得て自分の裁量で地方を経営していくことになる。……赤字になったとしても，国は以前のように面倒はみてくれない……」（麻生太郎「世界の中の日本を考える」『自民党の智恵』（日本政策アカデミー編）〔成甲書房，2008年〕，67－68頁）と。この考え方は本来の意味での地方自治から言えば当然のことで，今日になっても中央集権的な日本の国家の政治制度そのものが変わっていないのが問題なのであります。その結果麻生政権が崩壊し，そして自由民主党の衰退に結びついていったのであった，と考えられます。

とは言え，麻生太郎が考えていた日本の国家改造の上に立脚した日本の外交の方針を考察しておきましょう。これまでの日本外交が，「第一に，日米同盟が基軸であり，第二に，国連中心であり，第三に，アジア近隣諸国を重視するものであった」（麻生太郎『とてつもない日本』〔新潮新書，2007年〕，27頁）ことを踏まえた上で，麻生太郎は，第一に「アジアの幸福」，第二に，「価値の外交」を強く打ち出しています。

アジアの幸福の点に関して，彼は「日本は19世紀半ば以降，特に，明治以降，アジアにおいて政治・経済・社会の近代化を，最も早く経験した国だからだ。現代の世界で普遍的な価値として認識されている民主主義と市場経済の建設において，日本はアジアにあって，比類なく豊かな経験を積んできたからにほかならない。……日本は，アジアで最も古い民主主義国家，市場経済国家として，アジアに埋め込まれた安定勢力である。……」（麻生太郎『とてつもない日本』〔新潮新書，2007年〕，34－35頁）と指摘した上で，アジアの幸福，すなわち「経済の繁栄と民主主義を通して，平和と幸福をという意味だ。これこそ戦後の日本で60年間，日本人がいわば一心不乱に追求してきたモットーであり，アジア各国にも理解される，普遍的な考え方である。平和を希求し，過去の過ちを繰り返すまいとする私たちの心情に，いささかの偽りもないことは，事実の集積が雄弁に物語っているのではないだろうか」（麻生太郎『とてつもない日本』新潮新書，2007年，160－161頁，麻生太郎『麻生太郎の原点　祖父・吉田茂の流儀』（徳間文庫）〔徳間書店，2007年〕，178頁）と述べて，真剣にアジアの幸福を彼の外交方針にしています。

価値の外交の点に関して，彼は次のように自問自答しています。すなわち「『価値の外交とは何か』。ここでいう『価値』とは民主主義，平和，自由，人権，法の支配，そして市場経済のことだ。様々な経験を経たうえで，日本は一つの結論に到達した。マイナス面も多々あるにせよ，それでもなお，これらには『普遍的価値』があるということだ。日本は世界のどの国よりもその価値を知っている。その普遍的価値による豊かさを享受している。外交を進めるうえで，自信を持って，この価値を重視していくというのが『価値の外交』である。」（麻生太郎は，「自由と繁栄の弧」を構成している国として，カンボジア，ラオス，ベトナムが民主主義を目指して歩み始め，グルジア，アゼルバイジャンなどのコーカサス地方の国々を世界に対する資源供給国として重要とし，中央アジア，そしてトルコやウクライナも，バルト三国も経済の繁栄と民主主義を通して，平和と幸福を追求し始めており，さらにアセアン諸国もその仲間に入りつつあると述べています。参照，麻生太郎『とてつもない日本』〔新潮新書，2007年〕，160－161頁）と明確に定義しています。麻生太郎のこの価値の外交は戦後の日本が経験してきたことであり，特に問題はなく，この価値の外交の延長線上に，彼の「自由と繁栄の弧」という特定の外交方針が成立しています。彼に語らせよう。「ユーラシア大陸の外周は，冷戦期にはソ連とアメリカが対峙した地域で，『危機の弧』と呼ばれていた。そこに次々と若い民主主義国が誕生している。こうした国々と同じ価値を共有して，これらを帯のようにつないでいきたい。この帯が，『自由と繁栄の弧』である。」（麻生太郎『とてつもない日本』〔新潮新書，2007年〕，162－188頁）と。

　彼はこの自由と繁栄の弧をこれからの外交方針としてより強化して行こうと考えているのです。つまり，これからの価値の外交に向けて，彼は若い民主主義国を目指す国，例えばモンゴル，ウズベキスタンなどの国造り支援，ポーランド，ハンガリーの金融支援，さらにポーランドに対する情報技術支援など，より一層日本が世界に対する役割を果たして行こうという外交方針を考えているのです（麻生太郎『とてつもない日本』〔新潮新書，2007年〕，18－19頁）。かくして麻生太郎の外交方針は，価値の外交を普遍的価値の根本と指向し，その上でイギリスやヨーロッパ諸国から中東のアジア，インド，東南アジア，中国，そして日本と結合する一連の帯状の弧をより強化して行く方針を取ってお

り，この方針はこれまでの日本の内閣の外交方針とは違い，日本と欧州，そして中東を結びつけた麻生太郎の独自の外交方針であります。

3．麻生太郎のアジア外交

　麻生太郎は，日本の外交，特にアジア外交を考えるに先立って，思い出すことがありました。それは，「吉田茂は30年後，40年後の日本の繁栄のために，経済力をつけて民生の安定を図ることを優先し，当面の安全保障はアメリカに任せようと考えて行動した．……祖父は，子供の私に，ことあるごとにこう言った。これから日本はよくなる。必ずよくなる」（麻生太郎『とてつもない日本』〔新潮新書，2007年〕，32頁）とであります。彼の政治的態度の根本は，吉田茂の延長線上にあり，吉田茂を政治家の指針にしているように思われます。そして結果的に吉田茂が言っていたように日本は経済が発展したのであり，そのことを踏まえて，麻生太郎は次のような外交を展開しています。

(1) 小泉・安倍両政権時代の外務大臣としてのアジア外交

　麻生太郎は，小泉政権下では主に総務大臣であり，2005年9月21日から2006年9月26日の第三次小泉改造内閣で初めて外務大臣に任命されました。その後安倍政権下の2006年9月26日から2007年8月27日にも外務大臣に任命され，両政権下にあっても彼の独自性を見いだすのは容易であります。

　彼は小泉政権下で外務大臣に就任後の演説の「わたしのアジア戦略：日本はアジアの実践的先駆者，Thought Leaderたるべし」（この演説は，2005年12月7日，日本記者クラブで行われた）を行いました。もちろん小泉政権下でのものであったが，小泉総理大臣の許可済みであってもかれ独自のものでありました。彼はこの演説が彼の独自性を表すものであるということは以下の言説から明らかです。すなわち「……良い機会を頂戴できたといいますのは，私は外務大臣に就任以来，まとまった形で自分の考え，とりわけ日本のアジア戦略について，思うところを述べるチャンスが早く来ないものか，ひそかに期待する気持ちをもっていたからです。また，これが絶好のタイミングであると思います

のは，われわれは今，アジアの歴史がまさに新しい一章を書き起こそうとする，その場に居合わせているからにほかなりません。新しい章とは『東アジアサミット』の発足によって始まるものです。……私自身，明日クアラルンプールへ参ります。……」（この引用は，2005年12月7日，日本記者クラブで行われたインタビューを参考にした）と述べているからです。

　彼のアジア戦略を考察してみましょう。第一に，アジア人とは楽観論者の別名という考え方です。麻生太郎は，「アジアは今，自信に満ちあふれています。……ここでいうアジア人，イコール楽観主義者とは，日本人を含みます。……日本人とは，戦後長い間，もしかすると世界一の楽観主義者だったではありませんか。未来を信じる力が強ければ強いだけ，人は，足元の苦労を苦労と思わずはねのけることができる。……未来の明るさを信じる前向きの生活信条と，そのため今日，足元の苦労を厭わず，骨惜しみしないで働く労働倫理。この2つこそは，近代アジアの中では日本人が他のだれよりも先に，身をもって世界へ示して見せたものです。……東アジアサミットは『楽観主義者のカウンシルであるべきでしょう。』……東アジアサミットはあくまでもオープンな集合です。オーストラリア，ニュージーランド，インド，アメリカ，EU，APECのような広範なグループとの連携が大切であることも忘れてはなりません。……」（引用した要約は，2005年12月7日，日本記者クラブで行われたインタビューからのものである）と述べ，あくまでもアジア人の楽観主義的傾向性を強調しています。この意見に反対した人はいなかった点で，麻生太郎の考え方は受容されたものと考えて良いでしょう。

　第二に，日本はアジアの実践的先駆者であると麻生太郎は主張しています。「成功のみならず，むしろ失敗例を進んでさらけ出すタイプの人，国を指すのであって，実践的先駆者と訳さなければならないゆえんです。ただし，失敗をさらすには勇気がいる。日本はそれだけの雅量があることを前提にしたうえでの話ですし，もちろん失敗ばかりでなく問題解決の手並み鮮やかなところも。できれば見せたいものであります。」（引用した要約は，2005年12月7日，日本記者クラブで行われたインタビューからのものである）と。このような点からも日本は，実践的先駆者であり，環境問題の解決，民主主義の実現などどれをとっても，失敗から成功までもが日本から学ぶことができると述べておりま

す。

　第三に，日本はアジアの安定勢力であると麻生太郎は主張しています。日本とは何かという問いから「最も古い民主主義国家，市場経済国家として，アジアに埋め込まれた安定勢力である。(引用した要約は，2005年12月7日，日本記者クラブで行われたインタビューからのものである)」と述べた上で，実際に金融危機であった韓国，マレーシア，インドネシア，タイ，フィリピンなどに多額の支援をし，危機を救ってきたことからこのように述べることができると主張しています。さらに日米同盟の維持と強化によってより一層の安定勢力に成っていると考えています。

　第四に，日本は対等の仲間意識を重んじる国であると麻生太郎は考えています。

　彼は，日本とは「国対国の関係に，上下概念を持ち込まない国である」(麻生太郎『とてつもない日本』〔新潮新書，2007年〕，32頁) とし，「日本はアジア各国と真に同輩同士の関係，対等な仲間としての関係を結んできたし，これからも結んで行く国である。」(麻生太郎『とてつもない日本』〔新潮新書，2007年〕，32頁) とも述べています。日本の過去60年の歴史的経験から明らかに日本は，覇権国家でないことは確かで，彼はODA政策の点から次のように語っています。「古くから日本はODA政策に，一つの意思を込めてきました。適切な環境とインセンティブ，仲間から絶えず励ましさえあれば，人は成長に向け努力をするものであり，その努力を助けることこそが，日本流のODA政策でなければ成らない。『援助漬け』にしてしまうことは，開発途上国の自立にとって妨げにしかならないとする考えです」(麻生太郎『とてつもない日本』〔新潮新書，2007年〕，32頁) と述べており，このことは，日本の意思として他国に対して援助を通じて政治的支配を実現しようと言う政策でないことは明らかです。戦後の日本の教訓は，自由であり，また上下関係の支配構造ではなく，手を結ぶ協力関係の樹立であり，やはり平等な関係の確立に重点があったのです。このような教訓は，麻生太郎が吉田茂の自由主義から学んだと考えられます。

　また香港で開催された「第6回WTO閣僚会議 (参照,「麻生外務大臣ステートメント第6回WTO閣僚会議」(香港，平成17年12月14日))」では次の

ようなアジア外交の態度を述べています。すなわち「かつてGATT35条の下で辛酸をなめ尽くした国に属する一人として，わたくしは，世界の貿易システムから排除されることがどれだけ辛いことか，よく承知している者です。WTOのルールは，まずなによりも小さい国，脆弱な国にこそやさしい規則でなければならない。日本は，これまで常にそう信じてやって参りました。……日本はその提案によって目指すところは，すべてのWTO加盟国を，多角的貿易体制へ十全に統合しようとすることにほかなりません。……そのための第一歩として，途上国，なかんずく後発開発途上国を，貿易システムへと参加できるよう促すことが重要になります。……日本のパッケージは，……具体的には第一に，インフラ関連分野で合計100億ドルの資金協力を実施します。第二に，途上国への専門家の派遣と，途上国からの研修員の受け入れを行います。双方向での人数は，合計1万人となるでしょう。第三に，全LDC諸国の全産品に対し，原則無税・無枠の市場アクセスを提供します。」と述べ，確約している。この演説と確約から麻生太郎は，日本の外交，特にアジア外交が日本の一方的支配に成らないように気を付けていると言っても過言ではない。

　麻生太郎は，外務大臣期間に上記に論じた二つの演説を中心にした彼の心中の分析はいずれも同じく，これら二つ以外にも38の外交演説があるものの，おしなべて日本の外交態度がアジア支配に成らない対等な外交に気を付けていることがわかります。「自由と繁栄の弧」の外交方針の中に，ロシアを入れないことは後から考えても優れた見識であり，ロシアを入れることによって，弧から環になることを避けていることも賛同できる現実的外交と評価できます（参照，歳川隆雄『自民と民主がなくなる日』〔幻冬舎新書，2008年〕，4頁）。

(2) 麻生政権時代のアジア外交

　麻生太郎は，2008年9月25日に内閣総理大臣に就任，その後の自分自身の外交デビューが第63回国連総会から始まりました。多くの内容あふれる国連演説の中でアジア関連は，国際社会に対するテロリズムの強い取り組みを強調した上で，「……我が国は，アフガニスタンの復興支援に当初から力を注ぎ，インド洋では補給活動を続けてまいりました。私はここに，日本が今後とも国際社会と一体となり，テロとの戦いに積極参画してまいることを申し上げるもので

す。この際，中国と韓国はそれぞれ日本にとって重要なパートナーであり，互恵と共益を一層増進していくべき国々であります。我が国はこの両国やASEANと重層的なる協力をすすめ，東アジア地域と，ひいては世界の平和と繁栄のため，ともに働かねばならないと考えます。……顧みるに我が国は，日米同盟を普遍の基軸としながら，近隣アジア諸国との関係強化に努めて今日に至りました。国連を重んじ，国際協調の路線を一度として踏み外そうとしなかったことは，議長をはじめ，本会議場にご参集の皆様が一様にお認めいただけるところでありましょう。いくたびかの挫折を経ながらも，経済の建設に邁進してきた我が国民を今日まで導いた一本の線とは，経済的繁栄と民主主義を希求する先に，平和と，必ずや勝ち取れるという信念にほかならないのであります。私は基本的価値を同じうする諸国と連帯し，かかる日本の経験を，強い求めのある国々に伝えてまいりたい。日本には，その責務があると信じてやみません」（参照，「第63回国連総会における麻生総理大臣一般討論演説」（2008年9月25日））と述べ，しかも国連安全保障理事会の改革，北朝鮮問題の解決，日本人の北朝鮮による拉致問題の解決など，世界へのデビューとしてはまず問題がないものとなったのです。

　麻生政権下における最大の重要政策の方針は，所信表明演説の中にあります。麻生は第170回国会における演説はどうであったでしょうか，特にアジア外交に焦点をあててみましょう。彼は次のように述べています。つまり，「……わたしは日本と日本人の底力に，一点の疑問も抱いたことはありません。時代は，内外の政治と経済において，その変化に奔流の勢いを呈するが如くであります。しかし，わたしは，変化を乗り切って大きく脱皮する日本人の力を，どこまでも信じて疑いません。」と演説した後に，誇りと活力ある外交・国際貢献という項目のところで「外交について，私が原則とするところを，申し述べます。日米同盟強化。これが常に，第一であります。以下順序を付けにくいのをお断りした上で，隣国である中国・韓国やロシアをはじめアジア・太平洋の諸国と共に地域の安定と繁栄を築き，共に伸びて行く。これが，第二です。人類が直面する地球規模の課題，テロ，温暖化，貧困，水問題などに取り組む。第三です。我が国が信奉するかけがえがない価値が，若い民主主義諸国に根づいていくよう助力を惜しまない。第四です。そして第五に，北朝鮮への対

応です。」(参照,「第170回国会における麻生内閣総理大臣所信声明演説」(平成20年9月29日))と重点事項を述べた上で,日米関係を最も重視していることを強調しています。この日米同盟の強化については日本外交としては変わってはならないことであり,この強調の相手がまだ政権を取っていない民主党に向けていることが面白い。結果的には民主党が政権を奪取したのであった。第171回国会における麻生内閣総理大臣の施政方針演説では,前回の演説内容とほぼ同じ土俵上にあり,外交でより強調された点は,ロシアとのパートナーシップの形成が強調されたことであります。

　日中韓首脳会議は,小泉政権下では良好ではありませんでした。だが,その後の政権では関係改善に向かい,平成20年12月13日,第9回日中韓首脳会議は,それまでの首脳会議が他の国際会議の合間に開かれていたのに対して,今回は単独で,しかも麻生太郎内閣総理大臣の出身県で,彼の主催で福岡県太宰府市の九州国立博物館で開催されたことは彼の故郷に対する見識がしめされて,大歓迎でありました。日本側はもちろん麻生内閣で,中国からは温家宝首相,韓国からは李明博大統領が出席しました。会議内容は国際禁輸問題,北朝鮮のミサイルや拉致問題が議論されました。宿泊なしの約2時間の忙しい会議であったので地元福岡県,太宰府市などからは残念であったという声がありました。特に三国間協力の進展状況と展望,国際金融・経済,地域・国際情勢の3分野について詳細に意見交換がなされ,大事なことは今後のためにとして行動計画が出されたことです。会議後の三国間パートナーシップに関する共同声明の要旨は,「我々は,相互の政治的信頼の醸成,貿易及び経済面での接点の増加,社会的及び文化的交流の拡大及び金融協力の強化における三国間協力のこれまでの成果に満足している。我々はその成果を基礎に,三国間協力をさらに進めることを決意した。我々は,三国間協力が開放性,透明性,相互の信頼,共益及び多様な文化の尊重という原則の下に導かれ,また,三国間協力はASEAN＋3,EAS,ARF,APECをはじめとするより広範な地域協力の枠組みを保管し相互に補強しつつ一層進展させることに貢献するとの共通認識に達した。」(参照,「三国間パートナーシップに関する共同声明」2008年12月13日,福岡))と声明を出しました。この声明は,麻生政権下におけるアジア外交,特に北東アジア外交で際立った行動と声明であると多くの国民に受け入れられ

たのです。以上，麻生政権下における約21の演説の中から重要なアジア外交に関わる部分を取り出して麻生政権のアジア外交について論じてみました。

4．麻生内閣の内政と外交の評価

　麻生太郎は，政治家として幸運であったか，あるいは不運であったかはまだ結論は出ていません。しかし，小泉政権後の自由民主党の権力の弱体化の点から見れば，不運でありました。何故ならば麻生内閣は衆議院議員の解散と総選挙という機会が作り出せなかったからです。安倍政権，福田政権の政権放棄は，麻生政権に取って致命的であったと判断できます。

　しかしながら，不運な巡り合わせながらも自由民主党の総裁選で，圧倒的な得票，351票を獲得し自由民主党の32代目の総裁になりました。こうして政権を担うようになった麻生内閣は，内政において彼の内閣に特別の失点はなかったと言ってよいでしょう。小さな問題としては，麻生太郎自身の英語や日本語という言語に関する批判，そして財務大臣のイタリアでの酩酊などの問題はあったものの，国政に誤りがあったとしての最悪の評価を出すだけの問題はなかったのです。彼の内政，特に故郷の九州，福岡の筑豊地域に対する高い評価を記しておきましょう。麻生太郎は筑豊の石炭産業からエネルギー革命によって産業の衰退に危機感を抱き，新しい情報産業育成のために，飯塚地域に新しい大学・九州工業大学情報工学部の設置に尽力したと特記しておかなければなりません（麻生太郎「筑豊の夢」『異論いろんな太郎』麻生太郎事務所，昭和63年，62-71頁）。さらに他のこれまでの内閣総理大臣とは極めて大きな違いを見せたことに，マンガ好きのオタク的総理が現れたという点です。一国の総理大臣としてこの態度は，政治資金などの不正や汚職に比べるならば，新しい態度として評価したい点です。このマンガ好きとマスコミ批判は，表裏一体に成っているとも考えられます（麻生太郎のマスコミ批判は，マンガを読むが，新聞は読まないとして一貫している。以下の著書に記されている。新聞を読まない理由-参照，麻生太郎「筑豊の夢」『異論いろんな太郎』麻生太郎事務所，昭和63年，16，88頁，麻生太郎「世界の中の日本を考える」『自民党の智恵』

（日本政策アカデミー編）〔成甲書房，2008年〕，66頁，マンガを読む理由－参照，麻生太郎『麻生太郎の原点　祖父・吉田茂の流儀』（徳間文庫）〔徳間書店，2007年〕，32－34頁）。

　外交においては，先述した「価値の外交」や「自由と繁栄の弧」を基底とした独自の外交を展開した点は良い評価を与えることができます。そしてその基底の中に，日米同盟を骨格として，自由と民主主義を基にした連携重視の外交政策も評価できます。特に9回目の日中韓首脳会議を福岡県太宰府市の九州国立博物館で開催されたことは，アジア外交の一環として九州では高い評価が出ています。外交の中で問題点として残されたことは，ロシア大統領メドヴェジェフの招待でサハリン南部（旧日本領樺太）を訪問し，北方領土四島一括返還論放棄に言及したという点と帰国後，皇居に記帳したという点は，評価できない点です（『産経デジタル』2009年2月24日）。というのはこの記帳でそもそも樺太南部が日本の領土でないことを認めた内閣総理大臣として足をすくわれる可能性があるからです。ただし，麻生政権としての外交全般は，政権それ自体の国民からの支持率の低下によって，強く打ち出し，展開が未完であったことは残念でありました。

おわりに

　これまで麻生太郎の内政の論究，そして外交政策や外交の指向性について，特にアジア外交を中心に絞って論じてみてきました。麻生政権に対して低い評価が，マスコミや雑誌に出ていることから見て，筆者の評価は異質で，高い評価が与えられていると判断してよいでしょう。麻生太郎は政治家として不運な巡り合わせであったことにし，人を喰ったようなあの茶目っ気はやはりはにかみ屋の性格から出てきたものであります。さらに，靖国神社の問題や天皇の伝統に対する考え方は多くの国民に受け入れられる見解を述べています（麻生太郎「私見　靖国に弥栄あれ」『麻生太郎の原点　祖父・吉田茂の流儀』（徳間文庫）〔徳間書店，2007年〕，235－247頁，麻生太郎「晴れて靖国に陛下をお迎えする」『自由と繁栄の弧』〔幻冬舎，2007年〕，383－385頁）。

また幸運にも，麻生太郎は多くの自民党の党員からの支持を受けて，第92代目の内閣総理大臣に就任したことである。しかし，多くの国民は解散を期待していたし，いつ解散し強い政権を作るのかと国民に期待されていました。にもかかわらず，その機会が見いだせないままに約一年間続き，2009年8月30日の総選挙で敗北，2009年9月16日に自由民主党政権は終止符をうったのです。この政権交代は日本の政治史に残る歴史的出来事であります。ただし，麻生内閣が実行した内政と外交には特別な問題はなく，外交の面では麻生太郎として特徴ある外交を展開したと言えます。最後に麻生太郎の祖父・吉田茂の「バカヤロー解散」時の内閣支持率を調べてみると，23％であり，麻生政権の内閣支持率も2008年12月8日に公表された読売新聞と毎日新聞は21％，朝日新聞は20％でした。共同通信社の2009年3月26日の電話調査では，麻生内閣支持率が23.7％と公表されました。この数字は祖父・吉田茂の解散時の支持率と類似しているのが面白く（寺林峻『吉田茂—怒濤の人』〔学陽書房，1998年〕，281頁），政権末期の支持率が20－30％が崩壊期と一般化できるかもしれません。

〈質疑・応答〉

〈質　　問〉
　平成21年9月16日の自由民主党から民主党に政権交代があったが，それにもかかわらず，歳川隆雄氏の指摘（歳川隆雄『自民と民主がなくなる日』〔幻冬舎新書，2008年〕，10頁）によれば，麻生太郎と小沢一郎のどちらが「次の総理大臣にふさわしいか」のアンケート調査で，圧倒的に麻生太郎をその器であると答えている。なぜだろうか。

〈回　　答〉
　両者の身近にいる人であれば，よく知り尽くしているので回答は半々になると思うが，遠くで眺めている人からでは印象なので，茶目っ気たっぷりでネアカの麻生太郎が，暗い印象の小沢一郎をしのいでいると思われます。ただし既成の権力構造を変える能力は特殊なので即断できない，と思います。

〈質　　問〉

　麻生太郎は，55年体制以降の自由民主党の最後の総理大臣であったことは事実であるが，これから自由民主党は再生できるのでしょうか。

〈回　　答〉

　2～3年の間に再生できるかと考えるならば，大変むずかしいということになるでしょう。この点は政治研究の専門家・藤本一美も同様に述べております（藤本一美「政権交代解散」『ポリティーク』No.11, Nov.2009, 12頁参照）。

〈質　　問〉

　それでは，これからの民主党と自民党との関係は一体どのようになると予想されますか。

〈回　　答〉

　多分，政党再編の方が早いかもしれません。というのは，自由民主党の政策が自由競争から結果する小さな政府に行き着き，しかも保守主義に行き着くだろうと考えるには総選挙を繰り返しながら，10年はかかるだろうし，その一方で民主党も思想やイデオロギーが混在しているので，政策が多分北欧型になって行くまでには，10年はかかると思います。その過程で，民主党の右派と自民党の左派が統合して，北欧型の高福祉高負担に向かい，国民は貯金なしで生活できる社会体制に向かうのではと思われます。

〈質　　問〉

　マスコミ関係者は，どちらかと言えば，麻生太郎のマンガオタクを総理大臣としてふさわしくないとオチョクル文章が目につきます（例えば，野口博之「財政出動論者，麻生首相の虚実」『ポリティーク』No.11, Nov.2009, 14－23頁）。だが，麻生太郎は祖父の吉田茂から「英国の新聞は読むが日本の新聞は好き勝手に内容を変えてしまうので読まないが，マンガは結構うまく表現している」と教わっているので，麻生太郎自身はマスコミのオチョクル文章を全く気にしていなく，新聞を読まないと断言しているのでこのような総理大臣も存在すると認識を改めてもよいと思いますが，いかがでしょうか。

〈回　　答〉
　私もそう思います。彼の個性なので認めても良いと思います。私もフィンランドのトルク行きの列車の中でフィンランド人の子供から話しかけられて「日本語で書いているドラえもん」を送ってほしいと頼まれたことがあるので，麻生太郎のマンガ外交の話などは意味ある話と実感しており，将来の日本のソフト外交として重要と思います。

〈質　　問〉
　麻生太郎の勉強不足について言われているが，そんなに非難しても良いのでしょうか。
〈回　　答〉
　政治は学歴でなく，政策の実行なのでそれほど重要視しなくても良いのでは……。墓の中の田中角栄はどうであったか。昔，社会党の代議士が，発足を「はっそく」と言っていて気になっていたことはあるが，だんだん慣れていきました。もちろん，間違いない方が良いに決まっていますが，どんな人でも誤りはあるもので……。私などはよく英語なまりのスラングと言われても，最近は気にしていません。

〈質　　問〉
　麻生太郎は故郷を思っていないのではと言われているが本当でしょうか。
〈回　　答〉
　そうではありません。彼の故郷の筑豊はエネルギー革命で石炭から石油に変わり，産業が衰退してきたので，情報産業の発達のために九州工業大学情報工学部を設置し，情報産業の育成に尽力しました。また太宰府の九州国立博物館で日中韓の首脳会議を開催したことなどは十分評価して良い，と思います。

第5章

鳩山内閣の成立と展開

(丹羽　文生)

はじめに

　(2009年) 8月30日の衆院選は，予想通りの結果となりました。鳩山由紀夫氏率いる民主党は308議席を獲得し，歴史的勝利を収めました。逆に麻生太郎氏率いる自民党は議席を3分の1に減らすという壊滅的大敗を喫して，119議席に止まりました。

　その結果，9月16日，民主党を軸とする民社国連立政権が誕生したわけです。与党となった以上，民主党も従来のように「政権交代」を口にすることはできません。自公連立政権時代の欠陥を是正して，同時に，新たに国家の進むべき目標と方向性を具体的に示す義務を負うことになります。

　ところが，民主党，そして社民党と国民新党との間では，外交を初めとする考え方への隔たりが大きく，しかも，民主党自体が保守系から革新系まで幅広い政党を糾合して結成されましたので，多くの内部矛盾を抱えています。そこで，今日は先の衆院選の結果と鳩山内閣発足までの流れを整理した上で，今後の行方について検討したいと思います。

1. 衆院選の総括

(1) 二大政党時代の幕開け

　まず衆院選の総括をしてみます。今回の衆院選は，1996年の衆院選から適用された小選挙区比例代表並立制の下で行う5回目の選挙となりました。小選挙区制は1つの選挙区から1人しか当選できない制度で，どうしても当選する可能性がある候補者は1位を争う上位2位にほぼ絞られます。そのため，二大政党制を招き易いと言われています。

　しかも，小選挙区制には得票数と獲得議席数の乖離が大きくなるという特徴があります。事実，今回の衆院選でも，300小選挙区で民主党は得票率47.4％で221議席を獲得しました。議席占有率は73.7％です。これに対し自民党は得票率38.7％で，民主党との差は1.2倍で，64議席しか獲得できず，議席占有率も21.3％に止まりました。これが小選挙区制の恐ろしさです。

　一方，公明党と共産党の得票率は，それぞれ1.1％，4.2％で，いずれも議席は獲得できず，社民党は2.0％，国民新党は1.0％で3議席ずつ，新党日本は0.3％で1議席，みんなの党は0.9％で2議席，無所属が2.8％で6議席を獲得しました。郵政民営化が争点となった2005年の前回の衆院選では，民主党は36.4％の得票率で4分の1以下の52議席だったのに対し，自民党は47.8％で，300小選挙区で7割以上に当たる219議席を得ました。今回は立場が，そのまま入れ替わった形になったと言えます（『毎日新聞』，2005年9月12日，夕刊）。

　現実にはあり得ない構図ですが，300の小選挙区でA党とB党が争って，全ての選挙区でA党が51％，B党が49％の得票率になったと仮定してみます。得票率に余り差はありません。しかし，僅かな差であっても全選挙区でA党の方がB党より得票率が高かったわけですから，獲得議席はA党300,B党ゼロになるのです。

　例えば，単純小選挙区制を採るカナダでは，1993年の連邦下院選（定数295）で，与党の進歩保守党が154議席から2議席になり，大惨敗を喫しました。この時，党首のキム・キャンベルまで落選しました。イギリスでも1997年の総選

挙でトニー・ブレア労働党政権ができた時，与党の保守党は改選前の321議席を半減させ7名もの大臣が落選しました。

　ですから別に自民党が議席を3分の1に激減させたと言っても驚くことではありません。小選挙区制というのは，二大政党の一方に「風」が吹くと雪崩的大勝を引き起こすのです。その結果，安定した強力な政権が生まれて，成果を残したのであれば，その後も続投，不十分であれば有権者の鉄槌を下されることになり，再び政権交代が起きます。ですから，そうならないために与党は，国民との約束をしっかり守り，失策を犯さないよう緊張感を持って取り組むことになるのです。

　今回の衆院選で自民党と民主党の二大政党化が一気に進んだと思います。自民党と民主党の合計獲得議席数を見ても，2003年の衆院選では414議席で全体の86.3％，2005年の衆院選は409議席で85.2％，そして今回は427議席で89.0％に達するまでになりました。比例代表区でも同じです。今回の衆院選の民主党と自民党の比例代表区での合計獲得議席数は142議席で，これは全国11ブロックに配分されている180議席のうち78.9％に当たります。その意味で，ようやく今，日本も二大政党時代を迎えたと言えるのではないかと思います。

(2) 民主党大勝の功労者

　今回の衆院選で明らかになったことは，民主党そのものが2006年4月に小沢一郎氏が代表に就いて以降，かつての民主党とは比較にならないほど，徐々に「筋肉質」へと変貌し始めたということです。そのことが，今回の大勝に結びついたのではないかと思っています。かつての民主党といえば，頭を下げることも躊躇し，声が嗄れると途中で演説を止め，襷の後ろに雑巾を挟んでおいて握手の度に手を拭いたりと，選挙の厳しさを知らない候補者が大勢いました。主として元キャリア官僚とか大企業のサラリーマンを経験したプライドの高い若手です。しかも「風頼み」の候補者が多く，彼らは党首の顔やパフォーマンスによるイメージ重視の「空中戦」を展開してきました。

　ところが小沢氏の選挙手法というのは，自らの師匠である元首相の田中角栄氏から学んだ「戸別訪問3万軒，つじ説法5万回，足に血豆ができたらつぶれるまで歩け」という「地上戦」が中心です（『産経新聞』，2009年4月27日）。

小沢氏は各選挙区で，この「地上戦」を伝道して歩きました。さらに，小沢氏の私邸に住み込み，徹底的に選挙のノウハウを仕込まれた書生上がりの「小沢秘書軍団」を重点選挙区に派遣しました。「小沢秘書軍団」は，ビラ配り，戸別訪問，後援会の組織化，ミニ集会の開き方，支持団体との付き合い方を候補者に教え込むのです。

　しかも，例え現職であっても，勝てないと判断した場合は公認を見送り，選挙資金も従来のように候補予定者全員に同額の選挙資金を配分するのではなく，勝利が見込まれる候補者だけに提供し，抜き打ちの事務所訪問で候補者チェックをするという「小沢流スパルタ教育」（『毎日新聞』，2009年11月9日朝刊）を徹底させました。小沢氏は「路地から路地へ，どぶ板を渡りながら歩くような，地道な選挙運動のことを言うのだが，マスコミはこの言葉を侮蔑的なニュアンスで使うのが常である。いまはインターネットも普及しているマスメディアの時代なのに，そういう昔ながらの，地を這うような選挙をする連中は，時代遅れで古くさい候補だと暗に言いたいのだろう」と述べ，「『どぶ板選挙』こそが，本当の選挙だし，それがなくなったときに民主主義はなくなるとさえ思っているのだ」とまで言い切っています（小沢一郎『小沢主義：志を持て，日本人』〔集英社，2006年〕，15頁）。この「小沢流スパルタ教育」を叩き込まれて，選挙の厳しさを体で覚えた候補者は多かったのではないかと思います。

　しかも，自民党の牙城であった日本医師会や日本歯科医師会，全国建設業協会，JA（全国農業協同組合中央会）にまで手を突っ込み，例えば，茨城県医師会の政治団体「茨城県医師連盟」は，県内7選挙区全てで民主党の候補者を推薦し，栃木県や群馬県でも，自民党，民主党の候補者両方に推薦を出して，大阪府や兵庫県では，自民党の候補者の推薦を見送って自主投票にしました。自民党の金城湯池とされる建設業界でも，小泉（純一郎）内閣時代に進んだ公共事業費の縮減に対する不満から全国の地方組織で自主投票が相次ぎました。

　それから，与党の大物議員の選挙区に女性候補者を「刺客」として擁立したのも小沢氏が衆院選に向け築いてきた戦略の1つでした（毎日新聞政治部『完全ドキュメント：民主党政権』〔毎日新聞社，2009年〕，136頁）。彼女たちは，いわゆる「小沢ガールズ」と呼ばれた人たちです。

東京12区は，参院議員で元タレントの青木愛氏を公明党代表の太田昭宏氏にぶつけました。青木氏は小沢氏の特命を受け，7月に出馬表明したばかりであったものの，小沢氏直伝の選挙手法で大金星を挙げました。長崎2区は，薬害肝炎訴訟九州原告団代表で知名度，人気のいずれも抜群の福田衣里子氏が，こちらも小沢氏のプロデュースで元防衛大臣の久間章生氏を破りました。女性同士の闘いとなった東京10区も，元防衛大臣の小池百合子氏を元東京大学特任准教授の江端貴子氏が打ち負かし，千葉7区から福島2区へ国替えした現職の太田和美氏も，元首相秘書官の根本匠氏を破り選挙区での議席を獲得しました。

元首相の森喜朗氏の石川2区には，元派遣社員で名古屋市長の河村たかし氏の衆院議員時代の秘書であった田中美絵子氏が乗り込みました。田中氏は「キングメーカー」とまで言われた森氏とは対照的な候補者で，いつもなら森氏の独壇場の石川2区です。しかし，今回は大接戦となり，田中氏に激しく追い上げられた末の辛勝となりました。群馬4区でも異変が起きました。当初，民主党は元首相の福田康夫氏が父親の赳夫氏の代から守り続けてきた選挙区だけに不戦敗を選ぶだろうと言われてきました。ところが，衆院選直前になって小沢氏は元フジテレビ社員の三宅雪子氏を刺客に選びました。祖父は石橋湛山内閣の官房長官だった石田博英氏です。結局，三宅氏は選挙区では福田氏に惜敗したものの，田中氏と同じく比例代表区で復活当選しました。

小沢氏が選挙を仕切るようになってから，ようやく民主党は自民党と同じくらい「大人の政党」に成長したと言えます。まさに選挙に強いという「小沢神話」が「実話」になった象徴的な出来事だったと思います。

(3) 自民党の瓦解

一方の自民党というと，やはり麻生氏の責任は非常に大きかったと思います。例えば，読売新聞社が衆院解散前の7月13日から14日に実施した緊急全国世論調査（電話方式）によると，内閣支持率は18.6％で，不支持率は72.1％，麻生氏と鳩山氏のどちらが首相にふさわしいかでも，鳩山氏が45％だったのに対し，麻生氏は25％でした（『読売新聞』，2009年7月15日朝刊）。当初麻生氏は「選挙の顔」として期待されながら，再三の衆院解散の機会を逃し，結果的に自民党長期政権に幕を下ろす皮肉な役回りとなりました。

特に麻生氏の指導力低下を招いたのが，不発に終わった人事でした。当初，麻生氏は自民党役員と閣僚人事で求心力をアップさせ，衆院選で一気に巻き返そうと考え，党4役のうち地味なイメージが拭えない幹事長の細田博之氏，政調会長の保利耕輔氏を交代させ，幹事長には自らの側近でもある選対副委員長の菅義偉氏を起用し，さらに次期衆院選へ向けての政権浮揚の目玉として宮崎県知事の東国原英夫氏の閣僚への抜擢も検討しました。しかし，結局，自民党内から凄まじい反発に遭い断念しました。最終的に与謝野馨氏と佐藤勉氏の兼務解消に伴う閣僚人事だけ行い，経済財政担当大臣に林芳正氏，国家公安委員長に林幹雄氏が就任しました。これは2人とも福田改造内閣で初入閣しながら，内閣が短命で十分な在任期間がなかったためのものでした。

　それに伴って，いわゆる「麻生降ろし」の動きが加速し，党内分裂の醜態を曝しました。自民党総裁選の前倒しを求める中川秀直氏，武部勤氏，加藤紘一氏といった幹事長経験者が，都議選敗北の責任を問うことを名目にした両院議員総会開催を求める署名集めまで行いました。これは麻生氏が身内からも信頼されていないというイメージを有権者に与えてしまいました。結果的には逆効果だったと思います。

　さらに，衆院選の前哨戦と位置付けられた7月12日の都議選での惨敗は致命的でした。この時点で自民党は既に4月26日の名古屋市長選，5月24日のさいたま市長選，6月14日の千葉市長選，7月5日の静岡県知事選において民主党に4連敗していました。衆院議員の任期も残り2カ月という時期だっただけに，首都決戦で敗北を重ねれば，本番での望みは断たれるも同然でした（毎日新聞政治部，前掲書，『完全ドキュメント：民主党政権』，92頁）。

　都議選で自民党は48議席から38議席に激減し，40年間も維持し続けてきた都議会第一党の座から転げ落ち，自公でも61議席で過半数を割り込み，代わって民主党が34議席から54議席となって大躍進を遂げました。確かに地方選と衆院選は違います。だが，この都議選での自民党の大敗が政権交代のイメージを加速させたと言えます。

　それから，これは個人的に感じたことですが，自民党が積極的に展開した民主党へのネガティブキャンペーンも，自民党に対する有権者の反感を買ったのではないかと思います。例えば，衆院選前の7月には「プロポーズ篇」として

鳩山氏に似た男性が「僕のほうがキミを幸せにできる。出産，子育ての費用も教育も介護も僕に任せてくれればOKさ。高速道路も乗り放題だよ」と甘い言葉を囁き，「お金は大丈夫？」と不安げに応じる女性に「細かいことは結婚してから考えるよ」と答えるという財源の当てがない民主党を皮肉った動画をホームページ上に公開しました。

公示後の8月21日には，「ラーメン篇」と「ブレる男たち篇」の新作2本が登場しました。「ラーメン篇」は，鳩山氏を思わせるラーメン屋の店主が，客の要望に応えて「マニフェスト麺」の味を変え，最後はごった煮のようなラーメンに変身してしまうというもので，民主党の掲げるマニフェストの矛盾を突いたものです。「ブレる男たち篇」は，鳩山氏，小沢氏，菅直人氏，岡田克也氏の4幹部らしき影絵が登場し，それぞれの意見がブレていることを揶揄したものでした。

麻生氏の公示第1声も民主党攻撃から始まり，民主党を批判する怪文書紛いの冊子まで作成しました。例えば，「民主党さん本当に大丈夫？」と書かれたパンフレットには，民主党が訴える公務員制度改革を「民主党のホンネは『組合天国』！！」と批判し，年金一元化案を「民主党は，非現実的な案でごまかし，批判ばかりしています」と断じています。

私は，ネガティブキャンペーンそのものを否定するつもりはありません。ですが，一時期を除いて50年以上も政権を担ってきた政党にしては余りに愚劣，姑息で，有権者を不快にさせたと思います。自民党の末期症状の表れだったのではないでしょうか。

2．鳩山内閣の人事

(1)「派閥均衡型」と「当選回数至上主義」

衆院選の結果を受けて政権交代が実現し，それに伴い民主党を中心に社民党，国民新党との連立政権による鳩山内閣が発足しました。閣僚名簿を見て最初に感じたことは，そこには，善し悪しは別として，かつての自民党の人事システムを思い起こさせる要素が見え隠れしているということでした。

既に言い尽くされたことですが，民主党は，その結成の経緯から「寄り合い所帯」とか「モザイク模様」と揶揄されてきました。それを象徴するかのように民主党内には旧社会党系，旧民社党系，旧自由党系といった旧党派ごとのグループが存在しています。今回の組閣は，各グループから幅広く実力者を取り込んだ「派閥均衡型」人事でした。民主党には大まかに分けて8つのグループがあります。次に，それぞれ紹介していきましょう。

　最も規模が大きいのが小沢グループで，衆院選前までは50名程度だったのです。それが，「小沢チルドレン」や「小沢ガールズ」が入って100名以上に膨れ上がりました。自由党系，衆院若手（「一新会」），参院若手の3グループに分かれており，一堂に会する場面はありません。自民党内で影響力を誇示し続け「一致結束・箱弁当」と呼ばれる鉄の結束力を誇った旧田中派を彷彿させます（『産経新聞』，2009年9月16日）。組閣では，中井洽氏が国家公安委員長兼拉致問題担当大臣として入りました。中井氏は旧新進党が解散した後，小沢氏率いる旧自由党に参加した重鎮で，小沢氏の信頼も非常に厚い人です。財務大臣の藤井裕久氏も1993年に小沢氏と自民党を離党して以来，常に一緒に行動してきました。だが，西松建設の違法献金事件の際，当時，民主党代表だった小沢氏に辞任を迫ったため，2人の間に溝ができたようです。

　鳩山氏が率いる旧新党さきがけ右派系の鳩山グループは，50名前後います。衆院選後，「政権交代を実現する会」から「政権公約を実現する会」に名称変更しました。今は分かりませんが，昔は毎週木曜日に鳩山氏の個人事務所で会合を定例で開いていました。今回は鳩山氏以外に，環境大臣の小沢鋭仁氏，官房長官の平野博文氏の2人が入閣しています。

　旧民政党，旧太陽党系で元首相の羽田孜氏を囲む羽田グループは「政権戦略研究会」と言い，20名前後います。今でも羽田氏の首相再登板を最終目標に掲げているようです。メンバーでは北沢俊美氏が防衛大臣として入りました。北沢氏は羽田氏と同じ長野県出身でもあります。

　前原誠司氏の前原グループは旧新党さきがけ，旧日本新党系で構成されています。正式名称は「凌雲会」で，人数は25名前後おり，反小沢で固まっています。しかしながら今回は，前原氏が国土交通大臣，仙谷由人氏が行政刷新担当大臣で入閣しています。

唯一，メンバーの誰も入閣できなかったのが，「花斉会」と呼ばれる野田佳彦氏の野田グループです。当初，野田氏は安全保障に精通していることから，周辺から防衛大臣を期待する声も出ていたのです。だが，「野田氏はタカ派的な発想の持ち主だ。社民党とあつれきを生む」(『読売新聞』，2009年9月17日朝刊)との慎重論もあって，結局，見送りとなりました。メンバーは20名前後で，系列から言えば松下政経塾系であり，前原グループと一緒に行動することもあります。

旧民社党の理念と主張を継続する形で発足した川端達夫氏を中心とする「民社協会」なる組織もあります。それは，一般的に川端グループと呼ばれ，30名前後いる旧民社党系の国会議員以外にも，民社党出身の地方議員，かつて民社党を応援してきた学者，評論家，文化人も会員として名を連ねています。以前，「軍隊を保持」や「日章旗が国旗，君が代が国歌」とする規定を盛り込んだ独自の新憲法草案を発表したため，民主党の最右派とされています。組閣では川端氏本人が文部科学大臣，直嶋正行が経済産業大臣として入りました。

副総理兼国家戦略担当大臣となった菅氏の菅グループは「国のかたち研究会」というもので，主として菅氏の個人事務所を拠点に活動しています。旧社民連，旧民主党左派を中心に30名前後おり，合宿研修会を実施するなど，その動きは活発です。

法務大臣の千葉景子氏と農林水産大臣の赤松広隆氏の2人が入閣した横路孝弘氏の横路グループは旧社会党系で「新政局懇談会」と称し，こちらも30名前後です。かつて参議院議員だった大橋巨泉氏が副会長を務めていました。

ここで注目すべきは，なぜ同じ反小沢でありながら，前原氏と仙谷氏が入閣できて，野田グループは外されたのかということです。すでに報道されているように，実は衆院選投票日の午後，小沢氏の幹事長就任を阻止しようと，反小沢の中堅議員6人が岡田氏に幹事長続投を求めました。この会合に野田氏も出席していたのです。これを知った小沢氏が対抗心を剥き出しにして，野田グループを冷遇したのです。ところが，前原氏，仙谷氏は偶然，この会合には出ていませんでした。真実は分かりません。しかし，「前原，仙谷両氏はあの会合にいなかったのが幸いした」(『毎日新聞』，2009年9月21日朝刊)と言われています。野田氏の処遇を考えると，徹底的に干すという恐ろしい人事にも感

じます。各グループの実力者に然るべきポストを与えてバランスを取り，不平不満を抑えたことで，結果的には挙党一致体制を築くことができたのではないかと思います。

一方，今回の組閣では「当選回数至上主義」人事，すなわち年功序列の人選も散見されました。事実，平均年齢を見ても，麻生内閣（発足時）より2.5歳上がり60.7歳で，年代別に見ると最も多いのが60歳代で9人です。50歳代は麻生内閣から半減して4人，30歳代はゼロでした。

当選回数別（衆院）では，国家公安委員長兼拉致問題担当大臣の中井氏と郵政改革・金融担当大臣の亀井静香氏の11回が最多で，最も少ないのが厚生労働大臣の長妻昭氏で4回，平均当選回数は7.2回であり，麻生内閣よりも0.7回上がりました。これについて，中堅議員からは「党幹部は年功序列で物事を考えている。政権交代を実現しても，自民党的な古い発想だけは生きている」（『読売新聞』，2009年9月16日朝刊）という不満も漏れているそうです。しかしその一方で，老壮のバランスに配慮した布陣と言えます。

(2) 参院選を見据えた人事

参院から3名の閣僚を抜擢したことも大きな特徴ではないかと思います。法務大臣の千葉氏，経済産業大臣の直嶋氏，防衛大臣の北澤氏，民主党ではありませんが，消費者・少子化担当大臣で社民党の福島みずほ氏も参院議員です。彼らは全員，来年（2009年）夏の参院選で改選を迎えます。普通，参院からの入閣は2人程度ですから，明らかに参院選を見据えたものと言えるでしょう。

これは民主党参院議員会長の輿石東氏が鳩山氏に強く求めた結果です。輿石氏の側近が鳩山氏周辺に電話し，「鳩山氏が代表選で勝てた理由をよく考えないと，大変なことになる」（『読売新聞』，2009年9月17日朝刊）と伝えたからです。さらに，千葉氏と北澤氏は，来年の参院選後に交代する参院議長の江田五月氏の後任として名前が挙がっていたため，小沢氏の意向で「輿石議長」を確定させるために，輿石氏のライバル2人を大臣で処遇したとも考えられます。

逆に，揉めに揉めた小沢氏の幹事長就任は，最後は輿石氏の工作によるものでした。9月3日に輿石氏が鳩山氏に連絡し，「小沢幹事長でなければ，参院

としては，衆院にいっさい協力しない」（『読売新聞』，2009年9月5日朝刊）と迫ったのです。7日に発表された民主党役員人事で，輿石氏は，小沢氏を補佐する「幹事長職務代行」に就任しました。それは，参院選に向けて全国を飛び回る小沢氏に代わり，民主党の運営全般を仕切る重職です。

　小沢氏は輿石氏とタッグを組むことで，参院での影響力も強めようとしています。しかも，民主党役員会の10人中6人が参院議員です。つまり，今回の組閣も民主党役員人事も小沢氏の意向が随分と働いているのです。結局，表地は鳩山氏，裏地は小沢氏と言えます。

3．内外の課題

(1) 「脱官僚」の陥穽（かんせい）

　こうしてスタートした鳩山内閣は，滑り出しは70％を超える高い支持を集めました。しかし，政権交代による変革を期待する一方で，不安の声も多く聞かれます。

　鳩山内閣は「脱官僚」を旗印に，霞が関にメスを入れ，大鉈を振るうと意気込んでいます。9月16日の首相就任記者会見でも鳩山氏は「脱官僚依存，すなわち官僚の皆さんに頼らないで政治家が主導権を握りながら官僚の皆さんの優秀な頭脳を使わせていただく，そういう政治を送り出していきたい」と説明しました。既に1886年以来，123年続いてきた省庁の事務方トップの事務次官会議を廃止し，事務次官の定例記者会見も取り止めました。これからは省庁の大臣，副大臣，政務官の政務3役が中心となって動くことになるようですが危うさも感じます。

　あらためて言うまでもなく，いきなり乗り込んできた政治家よりも，官僚の方が明らかに，その省庁の所管する行政実務に通じているのは当然です。それぞれの省庁が日常的に担当している仕事は多岐に亘ります。これら全てを政務3役が全て掌握できるのでしょうか。どんなに有能な政治家でも，霞が関全体が政治家の言うことを聞かなければ，何も動かないし，何も変わりません（三宅久之『政権力』〔青春出版社，2009年〕，177頁）。もちろん，自民党長期政権

下で進んだ政と官の馴れ合いが，多くの癒着や腐敗を生み，行政システムを硬直化させてきたことは事実です。ですが，政治家の側に求められるのは官僚の排除ではなく，官僚をいかに使いこなすかということではないでしょうか。「官僚退治」が少し行き過ぎているような感じがします。

それから，今でも，その姿が明らかにならないのが国家戦略室の存在です。16日の初閣議で決定した政権運営の「基本方針」には「縦割り行政と呼ばれる各府省の垣根を壊し，省益や局益ではなく，国益・国民の利益，さらには地球規模での視点に立って国政を運営するため，新たに総理直属機関として内閣官房に国家戦略室を設置し，官邸主導で，税財政の骨格や経済運営の基本方針などを決定します」と書かれています。だが，根拠法がありませんから，宙ぶらりんの状態です。来年度予算の骨格の策定に取り掛かろうともしているものの，手足となるスタッフも僅か数人だけです。

一方，菅氏と財務大臣の藤井氏との不協和音も指摘されています。例えば当初，予算編成に関して国家戦略室が，その大枠や重要施策を決定，財務省は査定といった実務を担うことを想定していたようです。だが，2人の間で主導権を巡る綱引きが始まっているようです。国家ビジョンの策定にも手をつけていません。「外交戦略や経済運営の基本方針を打ち出さなければ，新政権の歩む路線自体が定まらない」（『産経新聞』，2009年9月19日）と言えます。このままでは国家戦略室は形骸化していくことでしょう。

鳩山氏は菅氏の突破力に期待しているようです。だが，菅氏自身の存在感も希薄になりつつあります。「ポスト鳩山」の1人とも目されているものの，マスコミなどの脚光を浴びる機会もありません。菅氏にとっては大きな正念場になるのではないでしょうか。

(2) 日米関係の行方

民主党はマニフェストにおいて「緊密で対等な日米関係を築く」と述べています。「緊密で対等な日米関係」とは具体的に何を意味するのでしょうか。恐らく鳩山氏が考える「対等」とは，嫌なことは拒否する，我慢しないで相手の要求を突き返すということだと推測できます。しかし，米国が考えている「対等」は，そういう意味ではありません。しっかり責任を果たしなさいというこ

とです。

　日米安保条約における日本の義務とは日本にある基地を米国に使わせる、権利は有事の時に米国が守ってくれるというもので、逆に米国には日本にある基地を使う権利があり、日本が有事になった時に守る義務があります。その違いを鳩山氏は理解しているのでしょうか。防衛大臣政務官となった民主党の長島昭久氏は、日米同盟について「有事のリスクはアメリカが、平時のコストは日本が負うバランスで成り立っている」(『産経新聞』、2009年12月8日)と述べています。真っ当な意見だと思います。有事のリスクを負わずに「対等」を主張するなど無責任です。

　普天間基地移設問題についても同じです。このままでは日米同盟に亀裂が生じます。沖縄県には基地を含め米軍施設が33あります。そもそも普天間基地移設問題が浮上した発端は、今から14年前の1995年に発生した米軍兵士による少女暴行事件でした。これを機に沖縄県民の怒りが爆発し、米軍基地に対する大規模な反対運動が起きたため、日米間で「沖縄に関する特別行動委員会(SACO)」を発足させ、本土も含めた米軍基地の整理・縮小を検討し始めたのです。この時、最優先事項とされたのが人口密集地域の真ん中にある普天間基地でした。そこで、1996年に日米間で5～7年以内の全面返還が合意し、そのための具体案が練られ、翌年には、名護市辺野古沖(キャンプ・シュワブ)が移設候補地とされたのです。

　民主党は衆院選で県外・国外移設を目指す方針を示しました。ところが昨日(2009年10月23日)の会見で、外務大臣の岡田氏が、県内移設が望ましいと発言し、辺野古沖に代わる選択肢として嘉手納基地への統合案を出しました。一方、社民党は頑なに県外・国外移設を主張しています。この状況はまさに日米同盟が空洞化の危機に直面していると言えます。

　外交は継続性、一貫性が重要です。政権が変わるごとに日本の外交政策が変化するようでは国の信頼はなくなります。とりわけ日米関係については、基本的に自民党政権時代の方針を全面的に見直すのではなく、発展、継承していかなければならないと思います。外交は、自国の都合だけで決められるものではないことを鳩山氏は認識すべきではないでしょうか。

おわりに

　鳩山内閣が発足して1カ月が過ぎました。補正予算の大幅組み換え，八ッ場ダム建設中止と，矢継ぎ早に政策を打ち出し，好調なスタートを切りました。だが，いつまでも政権交代の美酒に酔ってはいられません。
　連立相手である社民党とは外交・安全保障政策における隔たりが大きく，今後，レームダック状態に陥る可能性もあります。当面は，来年7月の参院選を視野に，どこまで具体的な成果に結び付けられるかが問われるのではないかと思います。

〈質疑・応答〉

〈質　問〉
　やはり今回の衆院選における民主党大勝というのは，自民党の衰退だとか堕落の反動，あるいは先ほど先生がおっしゃったような小沢氏が民主党を鍛え直したということもあるかもしれません。やはり最も大きいのはマス・メディアの影響力と考える方が自然ではないかと思います。その辺に関する先生のご意見をお伺いしたいのですがいかがでしょうか。
〈回　答〉
　貴重なご意見有難うございます。おっしゃる通りだと思います。今回の衆院選前の各新聞社の世論調査発表時の1面見出しを見ますと，例えば8月21日付の『読売新聞』には「民主300議席超す勢い」と書かれ，同じく『日本経済新聞』は「300議席超が当選圏」，22日付の『毎日新聞』も「民主320議席超す勢い」，27日付の『朝日新聞』が「民主320超，自民100前後」と大見出しで事前予測の記事を掲載しました。しかも比例代表区の全国11ブロックの中には，獲得議席数が名簿の候補者数を上回る結果，議席配分の権利を失う「候補者不足」の事態が発生する可能性があるとまで報じた新聞もありました。
　こうした事前予測が結果に与えるアナウンスメント効果というのは，非常に

大きいのです。これは勝ち馬に乗るという「バンドワゴン効果」と判官びいきの「アンダードッグ効果」の２種類があり、今回は「バンドワゴン効果」が生じたと言えます。つまり、「民主300」という事前予測を受けて、この流れを確実にさせようという有権者が増えたのです。その意味で、事前予測のあり方にも大きな疑問を投げ掛けた衆院選だったと思います。

〈質　問〉

今回の衆院選でも話題になりましたマニフェストについてです。先生は自民党と民主党のマニフェストをどう評価されますか。そして、マニフェストのメリットとデメリットをどう考えていらっしゃいますか。この２点をお聞かせいただければと思います。

〈回　答〉

有難うございます。今回の民主党のマニフェストを見ますと、例えば「年額31万2000円の『子ども手当』を創設する」だとか「公立高校を実質無償化し、私立高校生の学費負担を軽減する」、あるいは「高速道路を原則無料化」という、まさに選挙目当て、大衆迎合そのもののバラマキの公約が目立ちました。

この土俵に自民党が引きずり込まれたと言っていいでしょう。民主党に対抗して自民党は、有権者の気を引こうと「３〜５歳児に対する幼稚園・保育所等を通じた幼児教育費の負担を段階的に軽減し、３年目から無償化する」、「外来の患者負担の月額上限を半減する」といった公約を掲げました。

自民党の党是であるはずの自主憲法制定については、「早期の憲法改正を実現する」とだけ書き、具体的な期限は明記しませんでした。あるいは当初、盛り込まれるはずだった集団的自衛権行使についても「アメリカの艦艇を守ることができるよう必要な安全保障上の手当てを行う」という曖昧な表現に止まりました。その結果、かなりの保守層が離れたと思います。奇しくも麻生氏は衆院選後、「自民党支持率が低下する原因は保守の魅力を十分に発揮できなかったことだ」と断じ、「保守政党」としての出直しを表明しました。まさに自民党再生の鍵はここにあると言えます。

有権者からすると、「無償化」だとか「無料化」、あるいは「半減」といったキーワードを目にすると、一見、得をするかのような錯覚に陥りがちです。し

かし，そのための財源は，当然，国民の税金で補填されるのです。マニフェストの中身は，自民党も民主党も非常に稚拙だったような気がします。

それからマニフェストのメリットとデメリットですが，マニフェストというのは，ご承知の通りイギリスが本家で，首相を務めた保守党のロバート・ピール氏が，1834年に自分の選挙区であるタームワースというところで「タームワース・マニフェスト」を発表したのが，その始まりだそうです。選挙の前になると保守党と労働党はマニフェストを発行し，書店でも販売されます。

ただし，数値目標，目標達成の手順，実施期限，財源といったものを明示したのは，1997年の総選挙で労働党が「国営病院の『入院待ち患者』を10万人削減する」という公約を掲げてからです。その結果，労働党は与党に返り咲き，大きな話題を呼びました。その後，日本でも徐々に浸透し始めたのです。

確かに従来のように，曖昧で抽象的なスローガンを掲げるよりも，公約の数値目標，目標達成の手順，実施期限，財源を示すことで，有権者も政策によって投票先を決めるようになります。ただし，有権者の投票のあり方には2種類あります。それは「業績投票型」と「将来期待型」というもので，したがって，マニフェストを中心とした選挙だと，どうしても実績が評価されずに，これから何をしてくれるのかという「業績投票型」ではない「将来期待型」の投票に偏る恐れがあるのです。ですから有権者には，与党の業績をいかに適切に評価し，それを投票行動にどう結び付けるのか，ということが問われると思います。

〈質　問〉

根本的なことについてお聞きしたいと思います。民主党というのは，どんな政治理念，政治哲学を持っているのかということです。今更と思われるかもしれませんが，どうも明確なものが見えないのです。もちろん，考え方の違う政党が一緒になってできた政党ですから，仕方のないことなのかもしれません。先生のお分かりになっている範囲で結構ですので，その辺についてお聞かせいただけますか。

〈回　答〉

素晴らしいご質問だと思います。「綱領」と言えるものかどうか分かりませ

んけれど，民主党には「自由で安心な社会の実現をめざして」という副題の付いた「私たちの基本理念」なるものがあります。そこには「『市場万能主義』と『福祉至上主義』の対立概念を乗り越え，自立した個人が共生する社会をめざし，政府の役割をそのためのシステムづくりに限定する，『民主中道』の新しい道を創造します」と記されています。この「民主中道」は，新進党の突然の解散で，駆け込み的に生まれた新党友愛，民政党，民主改革連合といった，いくつかの小政党と，当時，既に存在していた菅氏や鳩山氏の旧民主党が合流した際に元首相の細川護熙氏の進言で採用されたものであると言われています。

この時，旧民主党は「民主リベラル」を，羽田孜氏や石井一氏の民政党は「保守中道」を主張しました。そこで，細川氏は「民主リベラル」と「保守中道」を足して2で割る形で「民主中道」と表現したのです。ところが，菅氏や鳩山氏は，これを「センター・レフト（中道左派）」と解釈し，保守系は「センター・ライト（中道右派）」と取りました。この時の曖昧さが，その後の民主党内における闘争の火種になっているのではないかと思います（大嶽秀夫『日本政治の対立軸：93年以降の政界再編の中で』〔中央公論新社，1999年〕，108－109頁）。

さらに『産経新聞』が「民主党解剖」という特集を連載しています。それによりますと当時，枝野幸男氏が「綱領をつくるのはやめよう」と切り出して，そこにいる人たちが「原則を言い始めるとバラバラになる。理念で集まっているわけではなく，何が何だか分からない政党だから綱領なんかない方がいい」と言ったと書いてあります（『産経新聞』，2009年3月3日）。

自由党との合流の際も，党内了承，政策面での調整を後回しにし，2003年7月23日夜，突如として当時の民主党代表の菅氏と自由党党首の小沢氏が会談し民自合併に合意しました。そのため，懸念された外交や安全保障に関する基本政策も事実上，棚上げされました。

例えば，1955年11月の自由党と日本民主党の保守合同は，3年という歳月を経て，ようやく実現に至りました。政党綱領の中身も，半年以上の時間を費やして考えたそうです。しかも，保守合同には「『戦後占領政策の修正と憲法改正をやらなければならない』という強烈な思い」（『産経新聞』，1997年7月13

日朝刊）もありました。民主党結成，民自合併には，そういった大義がなかったように思えます。皮肉のように聞こえるかもしれませんが，己の政権欲を満たすためのものでしかなかったのではないでしょうか。

　18世紀のイギリスの政治家で，近代保守主義の祖とされるエドマンド・バークは政党の定義について，「政党は，その構成員が同意する特定の主義または原則において一致している人々が，国民的利益の推進に協力すべく結合した集合体である」(Louis I. Bredvold and Ralph G. Ross, *The Philosophy of Edmund Burke,* University of Michigan Press, 1960, p. 130) と言いました。このバークの言葉に則して述べるならば，民主党というのは「構成員が同意する特定の主義または原則において一致」しないまま結成されたと言えるのではないかと思います。

〈質　　問〉

　率直にお伺いしたいと思います。今度の参院選で民主党が単独過半数を獲得した場合，政界再編は起こるのでしょうか。そして，もし政界再編が起こった場合，どういう構図になるのでしょうか。先生のお考えをお聞かせ下さい。

〈回　　答〉

　まさに今日のこの会場である専修大学の出身で，総長も務めた元自民党副総裁の川島正次郎氏は「政界一寸先は闇」と言いました。明日は何が起こるか分からないのが政界です。

　ですから余り軽々しく今後の展開を論ずることはできません。勝手に予想しますと，まず来年の参院選が1つの大きなポイントになると思います。そして，その時のキーマンとなるのが，やはり小沢氏です。

　今，参院で民主党は単独過半数に至っていません。社民党といった小政党と組んでいるものの，もし仮に民主党が参院で単独過半数を獲得すれば，もうその必要がなくなるわけですから，小沢氏は社民党を捨て，しかも民主党にいる旧社会党を中心とする左派勢力も切り，自民党との大連立を画策するのではないかと考えます。

　小沢氏は数を獲るためには何でもやる，政治理念，政治哲学をしばらくの間，脇道に置いておくことができる人です。そして，もしこのような大胆な動

きに出た場合，当然，自民党にも民主党にも反発する人々が出てきますから，彼らによって，もう1つ政党ができるかもしれません。つまり，民主党にいた左派勢力と自民党にいたリベラル勢力による新党です。そうすれば，小沢氏率いる保守政党とリベラル政党の二大政党制になるのではないかと思います。

※本章は，2009年10月24日に開催された専修大学法学研究所と日本臨床政治学会が主催する2009年度第3回政治学研究会において「民社国連立政権の隘路と鳩山外交」と題して報告した内容を加筆・修正，改題したものである。

〔付記〕

　この報告後，鳩山内閣を取り巻く環境は大きく変化し，政局は混迷の度を深めました。税金の無駄を洗い出す行政刷新会議の「事業仕分け」はワイドショーでも頻繁に取り上げられ，国連気候変動首脳級会合で鳩山氏が打ち出した温室効果ガスを1990年比で25％削減するという目標は，国際社会からも注目を集めました。組閣当日から『『八ッ場（やんば）ダムの建設中止』（前原誠司国土交通相）や『後期高齢者医療制度の廃止』（長妻昭厚生労働相）と相次いで打ち出し，政権が変わったことを国民に強く印象づけ」（『毎日新聞』，2009年12月24日朝刊）て，鳩山内閣最初の100日，いわゆる「ハネムーン期間」は，その名の通り順風満帆だったのです。ところが，発足当初は70％前後を誇った内閣支持率も徐々に低下し，近頃では50％を割り込む結果も出るようになったのです。

　2010年1月に入り財務大臣の藤井氏が健康不安を理由に辞任し，代わって副総理の菅氏が財務大臣を，菅氏が務めていた国家戦略担当大臣は行政刷新担当大臣の仙谷氏が兼務することになりました。鳩山氏は，菅氏の舌鋒鋭い論戦力に期待したようです。だが，1月18日に召集された通常国会では，2009年度第2次補正予算案や衆院選でのマニフェスト関連予算を盛り込んだ2010年度予算案に対して，野党から細かい点を追及されると，途端に答弁に窮する場面もありました。以前より「ポスト鳩山」の1番手と見られていただけに菅氏にとっては今が正念場と言えるでしょう。

　善し悪しは別として，相変わらず存在感を示しているのが幹事長の小沢氏であります。民主党役員人事でも自らの腹心を主要ポストに据え，昨年末には，総勢約600名を引き連れ中国を訪問して，歓待された見返りに中国副主席の習近平の天皇陛下謁見を強引にセッティングし，さらに幹事長室への陳情一元化を始め，衆院選のマ

ニフェストに反するガソリン税の暫定税率の存続を鳩山内閣に要求するといった無茶振りを見せ，党内は「小沢支配」が鮮明になったといえます。

　一方，民主党大会を翌日に控えた1月15日夜，小沢氏の政治資金管理団体「陸山会」土地購入事件で，衆院議員の石川知裕氏を含む3人の元秘書が逮捕され，鳩山内閣に激震が走りました。その後，3人は起訴され，小沢氏本人は嫌疑不十分を理由に不起訴処分となったのですが，石川氏を監督する立場にあった小沢氏，幹事長を続投させた鳩山氏に対する国民の風当たりは強く，しかも鳩山氏自身の母親からの献金問題もあり，参院選を前に鳩山内閣へのダメージは免れない状況にあります。

　普天間基地移設問題は，昨年末，鳩山氏から5月末までに結論を出す方針が示されました。だが，キャンプ・シュワブに移すとした現行案の代替案は，なかなか見付かりそうになく，「新たな移設先は伊江島，下地島のほか，社民党が主張する米領グアム島，硫黄島（東京都小笠原村）が浮上している」ものの，「いずれの案も過去に検討され，米側と合意できなかった案ばかり」で難航しています(『産経新聞』，2010年1月10日)。5月末までの結論が先送りされれば，鳩山氏の責任問題に発展する可能性もあります。自身の政治資金管理団体「友愛政経懇話会」の偽装献金事件も，国民の疑念を払拭し切れずにいるのが現状です。

　このように考えると，残された時間は，あと僅かです。民主党に対する国民の評価は，もうすぐ問われることになるでしょう。

（2010年2月15日）

結　語

　本書は，専修大学大学院の公開講座の政治部門の報告，および専修大学法学研究所の政治学研究会の報告内容を一冊にまとめたものです。専修大学大学院では，毎年10月と11月，一般市民向けに専修大学の「知の発信」に供するため，公開講座を実施してきました。

　本書の第Ⅰ部は，「現代日本政治の光と影」という共通テーマの下で，2000年代の自民党政権下の政治課題，すなわち，解散・総選挙，戦後民主主義，日米関係および女性の政治参加にまつわる諸問題を論じた内容を収録しております。

　続いて，第Ⅱ部では，2009年に実施された専修大学法学研究所主催の政治学研究会のテーマから，とくに，小泉内閣以降，安倍，福田および麻生各内閣下での政治的課題，すなわち，麻生太郎論，地方分権，環境対策，東南アジア政策並びに鳩山新政権について論じた内容を収録しております。その際，公開講座および研究会での主な質問とそれに対する回答を加え，またその後の展開も付記して，内容を深めることに努めました。

　なお，本書では，各執筆者により自民党政権や民主党政権，また麻生首相や鳩山首相に対するスタンスおよび見解などで，その評価を異にしております。しかし，公開講座や研究会での報告である点を考慮して，各々の主張や立場は各人にゆだねていることを御断りしておきたい，と思います。

　本書は，関係者の御努力により専修大学出版局から刊行されることになりました。刊行に際し，出版局次長の笹岡五郎氏の御尽力，また編集について御協力をいただいた，編集部の川上文雄氏，さらに校正を手伝ってくれた明治大学卒業生の金野円さんにもこの場を借りて感謝の意を表したいと思います。

平成22年3月上旬
編者　記す

日本の政治課題 2000－2010

| 2010年4月20日 | 第1版第1刷 |
| 2011年4月5日 | 第1版第2刷 |

編　者　　藤本　一美
発行者　　渡辺　政春
発行所　　専修大学出版局
　　　　　〒101-0051　東京都千代田区神田神保町3-8
　　　　　　　　　　　㈱専大センチュリー内
　　　　　電話　03-3263-4230㈹
印　刷
製　本　　藤原印刷株式会社

©Kazumi Fujimoto ed., 2010　Printed in Japan
ISBN 978-4-88125-251-2